Cynthia Shaffer

Aufgenäht!

Nähen, Applizieren und vieles mehr

MAKE LIFE SIMPLE

Aufgenäht!

Nähen, Applizieren und vieles mehr

Cynthia Shaffer

PROJEKTMANAGEMENT: Anna Bender
ÜBERSETZUNG: Wiebke Krabbe
LEKTORAT: Anja Fuhrmann, Berlin
SATZ: WS-Linke, Karlsruhe
DRUCK UND BINDUNG:
GRASPO CZ a.s., Tschechien
FOTOS: Cynthia Shaffer

Titel der Originalausgabe: Stash happy - Applique
Erstveröffentlichung 2012 durch Lark Crafts
An imprint of Sterling Publishing Co., Toronto, Canada

1. Auflage 2013
ISBN: 978-3-7724-6795-0 • Best.-Nr. 6795

Seite 26

Seite 110

Seite 90

Seite 74

Aufgenäht!

Nähen, Applizieren und vieles mehr

Vorwort ... 6

Grundlagen ... 7

Bunte Reste
Untersetzer ... 14

Shabby Charme
Kissen-Häuser ... 18

Blumige Stoffschuhe ... 23

Zum Mitnehmen
Zugbeutel ... 26

Dekorativer
Lampenschirm ... 30

Teepause
Caféhausgardine ... 34

Flower Power
Anhänger ... 37

Aufgeräumt!
Vorratsgläser ... 40

Zierliche
Paisley-Brosche ... 44

Für unterwegs
Kreuz und Kreis ... 47

Ahoi! Set fürs Baby ... 52

Dream Big! Wanddeko ... 56

Zeitlos pfiffig
Armbanduhr ... 60

Träum schön
Zahnkissen ... 64

Waldemar Wichtel ... 70

Zum Verschenken
Furoshiki ... 74

Schwebendes Herz
Deko-Kugel ... 78

Frühlingsblüten
Reißverschlusstasche ... 82

Grafisch Minirock ... 86

Engelsflügel T-Shirt
für Mädchen ... 90

Traumhaus Stoffbild ... 94

Flatterhaft Trenchcoat ... 97

Mama & Tochter
Schürzen ... 100

Schräge Vögel
Kinderkunst ... 106

Bitte einpacken
Einkaufstasche ... 110

Vorlagen ... 116

Die Autorin ... 128

Dank ... 128

Register ... 128

online!

Weitere Projekte der Autorin finden Sie kostenlos in englischer Sprache unter www.larkcrafts.com/bonus.

Ein guter Tag zum Applizieren!

Applizieren ist ein bisschen wie Zauberei. Mit ein paar Stoffresten und wenigen Stichen entstehen ganz individuelle Stücke und liebevolle Geschenke. Kein Stoffrest ist zu klein für eine Applikation. Selbst winzige Stückchen lassen sich noch für handgemachte Wunderwerke verwenden, die Wohnung, Arbeitsplatz oder Kleiderschrank verschönern.

Tolle Quiltstoffe? Beute vom Restetisch im Stoffladen? Filzreste? Was immer Sie zur Hand haben, eignet sich für Applikationen. Mit Mustern und Farben, die Sie mögen, lassen sich selbst simple Basics aus dem Kaufhaus in tolle Unikate verwandeln.

Sie werden entdecken, dass es verschiedene Applikationsmethoden gibt. Einige davon lernen Sie in diesem Buch kennen: mit ausgefranster und eingeschlagener Kante, von Hand, mit der Nähmaschine, Trapunto, Revers-Applikation und andere.

Wer viel unterwegs ist, wird sich freuen, dass man Applikationsarbeiten – vor allem kleine Projekte aus Stoffresten – wunderbar mitnehmen kann. Ob Sie auf dem Sofa vor dem Fernseher sitzen, auf dem Beifahrersitz auf der Reise zu den Schwiegereltern oder am Rand des Fußballplatzes, auf dem der Junior auf Torjagd geht: Kaum eine Handarbeit ist so praktisch wie Applikation-to-go!

Beim Durchblättern der Seiten werden Sie Stoffe aus meinem Restevorrat entdecken. Natürlich verwenden Sie Ihre eigenen Lieblingsreste, und gerade dadurch werden alle Stücke so individuell und unverwechselbar.

- Zeigen Sie den Kleinsten, dass Sie sie wichtig nehmen: mit einem praktischen Set fürs Baby (Seite 52) oder einem niedlichen Zahnkissen (Seite 64).
- Kann Ihr Wohnzimmer etwas Pepp gebrauchen? Dann verzieren Sie doch einen gewöhnlichen Lampenschirm (Seite 30) oder nähen Sie witzige Häuser-Kissen (Seite 18) für das Sofa.
- Sorgen Sie modisch für Aufsehen: mit liebevoll dekorierten Stoffschuhen (Seite 23), einem Trenchcoat mit Applikationen (Seite 97) und passend bezogenen Knöpfen oder einer verspielten, »zeitlosen« Armbanduhr (Seite 60).
- Begeistern Sie Freunde und Familie mit liebevollen Geschenken, vielleicht einer niedlichen Wichtelpuppe (Seite 70) oder Schürzen für Mama und Tochter (Seite 100).

Fangen Sie gleich an – heute ist ein guter Tag, um Spaß mit Stoff zu haben.

Grundlagen

Unkompliziert!

Die Projekte in diesem Buch sind ganz einfach. Sie brauchen nur ein paar Reste aus Ihren Vorrat, einige simple Nähutensilien – und schon können Sie loslegen. Bevor Sie zur Schere greifen, lesen Sie noch die Tipps zur Stoffauswahl und zu anderen Materialien, die für manche Projekte benötigt werden. Die meisten haben Sie sicherlich im Haus.

Stoffe ... und mehr

Ich verwende zum Applizieren besonders gern Quiltstoffe. Diese relativ dünnen, aber dicht gewebten Stoffe aus reiner Baumwolle bekommt man in großer Auswahl in gut sortierten Stoffgeschäften. Sehr praktisch – auch zum Aufbau eines eigenen Stoffvorrats – sind fertig zugeschnittene Fat Quarters (ca. 46 x 56 cm). Dieses Format eignet sich hervorragend, um verschiedenste Motive für Applikationen zuzuschneiden.

Neben Quiltstoffen habe ich für die Projekte in diesem Buch Stoffe aus meinem Restebestand verarbeitet:

- Drell
- Filz
- Flanell
- Jersey
- Leinen
- Nessel
- Sackleinen
- Anzugstoff aus Wolle oder Seide

Alle Stoffe sind relativ fest. Dünne und transparente Stoffe eignen sich weniger gut für Applikationen, weil sie rutschig sind und sich wegen ihrer geringen Festigkeit schlecht handhaben lassen.

Grundausstattung zum Nähen und Applizieren

- Nähmaschine
- Rollschneider + Schneidematte + Quiltlineal
- Schere, Zackenschere
- Maßband + langes Lineal
- Stecknadeln
- Sicherheitsnadeln
- Sprühkleber für Stoff
- Bügeleisen + Bügeltuch
- auswaschbarer Textilstift + spitzer Bleistift
- Fransenstopp
- Nähnadeln und Sticknadeln
- spitzes Hilfsmittel zum Wenden (z.B. lange Stricknadel)

Und WAS NOCH?

- ***Baumwollsticktwist:*** Sie werden Baumwollsticktwist bei vielen Projekten in diesem Buch entdecken. Mal wird er zum Aufnähen der Applikationen verwendet, mal zum Verzieren. Legen Sie sich am besten einige Stränge in verschiedenen Farben zu.
- ***Baumwollperlgarn:*** Wenn Ihre Stickereien ins Auge fallen sollen, versuchen Sie es einmal mit Baumwollperlgarn. Das edel glänzende Garn aus reiner, merzerisierter Baumwolle ist in verschiedenen Stärken erhältlich. Auch davon sollten Sie sich einen kleinen Vorrat anschaffen.
- ***Einlage:*** Bei manchen Projekten muss der Stoff mit einer Einlage verstärkt oder stabilisiert werden. Besonders praktisch ist Bügeleinlage, deren Beschichtung durch die Hitze des Bügeleisens schmilzt und am Stoff haftet. Unbeschichtete Einlage muss auf den Stoff geheftet werden. Kaufen Sie von beiden Typen ein Stück, denn je nach Projekt wird mal die eine, mal die andere benutzt.
- ***Dies und das:*** Denken Sie außerdem an Bänder, Knöpfe, Borten, Schrägstreifen, Polyester-Füllwatte und verschiedene Garne zum Nähen von Hand und mit der Maschine. Diese Kleinigkeiten tragen dazu bei, dass jede Applikation etwas ganz Besonderes wird. Je mehr Auswahl Sie haben, desto besser.

Gewusst wie!

Vorlagen verwenden

Im hinteren Teil dieses Buches finden Sie Vorlagen für alle Projekte. Vergrößern Sie sie mit einem Fotokopierer auf das angegebene Format. Aus dieser Fotokopie schneiden Sie die einzelnen Teile aus. In der Anleitung zum Projekt ist genau erklärt, wie sie verwendet werden. Bewahren Sie die Vorlagen in einem beschrifteten Umschlag auf, damit sie später noch einmal benutzt werden können. Es gibt verschiedene Möglichkeiten, Vorlagen für Applikationen zu verwenden.

Haftvlies: Dieses Material ist ideal für offenkantige Applikationen. Es ist ein Klebstoff, der durch die Hitze des Bügeleisens schmilzt. Zuerst wird das Vlies mit der Papierseite nach oben auf die Rückseite des Stoffes gebügelt. Dann übertragen Sie die Umrisse der Vorlagen und schneiden sie aus. Danach ziehen Sie das Trägerpapier ab und bügeln die Applikation auf die rechte Seite des Hintergrundstoffes. Denken Sie daran, die Vorlage spiegelverkehrt auf das Trägerpapier zu übertragen, damit das Motiv später richtig herum auf dem Hintergrundstoff sitzt.

Freezer Paper: Dieses Papier ist ideal für Applikationen mit eingeschlagenen Kanten. Stoffgeschäfte, die Materialien zum Quilten anbieten, haben es meist auf Lager. Das Motiv wird auf die matte Seite gezeichnet und ausgeschnitten. Bügeln Sie dann die wachsartig beschichtete Seite des Papiers auf die Rückseite des Stoffes, und schneiden Sie das Motiv mit einer Zugabe von 6 mm aus. Die Zugabe entlang der Papierkante nach links umfalten. An Innenkurven die Zugabe einschneiden, an Außenkurven kleine Stoffzacken herausknipsen. Die Zugabe ringsherum sorgfältig umbügeln, dann das Papier herausnehmen und das Motiv auf den Hintergrundstoff applizieren.

Templar: Dieses hitzefeste Schablonenmaterial bekommt man ebenfalls in Quiltshops. Es eignet sich besonders gut für Handapplikationen mit eingeschlagenen Kanten. Die Motive werden mit einem dünnen Permanentmarker auf den Kunststoff übertragen. Dann die Motive mit einem auswaschbaren Textilstift auf die Rückseite des Stoffes übertragen und mit 6 mm Zugabe ausschneiden. Die Schablone wieder auf den Stoff legen und auf die vorstehende Zugabe mit einem Pinsel flüssige Wäschestärke auftragen. Die Zugabe auf die Schablone umbügeln und abkühlen lassen. Die Schablone herausnehmen und die Ränder nochmals bügeln. Nun das Motiv auf den Hintergrundstoff heften oder mit Sprühkleber fixieren, dann festnähen.

Zuschneiden

Das Zuschneiden von Stoff für Applikationen ist einfach. Streifen und Quadrate gelingen mit Rollschneider und Quiltlineal besonders akkurat. Legen Sie immer eine Schneidematte unter! Zum Zuschneiden nach Vorlage brauchen Sie nur eine scharfe Schere und eine ruhige Hand.

Für manche Projekte benötigen Sie Stoffe mit einem bestimmten Muster, aus dem Sie einfach einzelne Musterelemente ausschneiden und für Ihre Applikation verwenden.

Verschiedene Applikationstechniken

Wenn alles vorbereitet und zugeschnitten ist, müssen Sie sich für eine Applikationstechnik entscheiden. In der Anleitung zu jedem Projekt wird eine Methode vorgeschlagen, aber Sie können auch eine andere wählen oder mehrere kombinieren. Zum Applizieren mit der Nähmaschine ist nicht unbedingt ein spezieller Nähfuß notwendig. Ein Oberstofftransporter ist allerdings empfehlenswert für mehrlagige Teile mit Wattierung wie die Untersetzer (Seite 14) und das Spielbrett für Kreuz und Kreis (Seite 47). Der Oberstofftransporter wird normalerweise zum Quilten benutzt und sorgt dafür, dass sich die Stofflagen beim Steppen nicht aufeinander verschieben.

Offenkantig aufsteppen

Wenn Sie schnelle Ergebnisse sehen möchten, ist dies die beste Methode: Einfach das Motiv ohne Zugabe aus schneiden und aufnähen. Die Kanten werden nicht eingeschlagen. Am besten fixieren Sie das Motiv mit Haftvlies auf dem Hintergrundstoff. Danach wird es von Hand oder mit der Nähmaschine mit kleinen Geradstichen dicht an der Kante aufgenäht. Ich steppe gern zweimal um das Motiv, weil die Naht dann besser hält und auch besser zu sehen ist **(Abb. A)**.

Umgebügelte Kante

Diese Methode erfordert mehr Zeit als das einfache Aufsteppen, aber die Geduld wird mit sehr sauberen, akkuraten Motivkanten belohnt. Am besten arbeiten Sie mit Freezer Paper oder Templar. Beim Zuschneiden der Motive müssen ringsherum 6 mm zugegeben werden. Diese Zugabe wird zur linken Stoffseite umgebügelt und dann aufgenäht. Ich finde es am schönsten, wenn solche Applikationen mit Blindstich aufgenäht werden, weil man die Stiche dann nicht sieht **(Abb. B)**.

Eingeschlagene Kante

Bei dieser Technik wird ohne Freezer Paper oder Schabloneneinlage gearbeitet. Stattdessen heften Sie das Motiv auf den Hintergrundstoff, schlagen die Schnittkante ein und nähen sie von Hand mit kleinen Stichen fest. Der Vorteil dieser Methode besteht darin, dass keine umständlichen Vorbereitungen notwendig sind. Andererseits erfordert sie einige Übung und viel Geduld, damit die Applikationen sauber aussehen.

Satinstich

Dies ist ein sehr enger Nähmaschinen-Zickzackstich, der auch als Maschinen-Plattstich bezeichnet wird. Die Applikation ohne Zugabe zuschneiden und auf den Hintergrundstoff heften. Eine möglichst geringe Stichlänge einstellen, die Stichbreite bestimmen Sie selbst. Beim Aufnähen soll ein Einstich auf der Applikation liegen, der andere direkt außerhalb der Kante. An engen Rundungen das Nähfüßchen anheben und den Stoff bei eingestochener Nadel vorsichtig drehen. Zum Schluss alle losen Fäden abschneiden **(Abb. C)**.

Weiter Zickzackstich

Im Gegensatz zum Satinstich bestimmen Sie bei diesem Zickzackstich nicht nur die Stichbreite, sondern auch die Stichlänge.

Abb. A

Abb. B

Abb. C

Abb. D

Abb. E

Abb. F

Abb. G

Diese Technik ist ideal zum Applizieren unversäuberter Motive, weil die Zickzackstiche das Ausfransen verhindern **(Abb. D)**.

Langettenstich

Dieser Stich wird auch Knopflochstich genannt. Er verstärkt die Kanten von versäuberten und unversäuberten Applikationen. Viele moderne Nähmaschinen haben ein Programm für diesen Stich. Im Kasten gegenüber sehen Sie, wie der Langettenstich mit der Hand gestickt wird **(Abb. E)**.

Trapunto

Dies ist eine Methode zur Gestaltung plastischer Applikationen. Ich nähe das Motiv gern auf einen festeren Baumwollstoff wie Drell. Sie können ein kleines Stück der Applikationsnaht offen lassen oder nach dem Applizieren einen Schlitz in den Hintergrund schneiden, um das Motiv mit Polyester-Füllwatte auszustopfen – aber bitte nicht zu fest! Danach die Naht schließen oder den Schlitz mit überwendlichen Stichen zunähen **(Abb. F)**.

Revers-Applikation

In den meisten Fällen wird der Applikationsstoff auf den Hintergrund genäht. Bei der Revers-Applikation legt man ihn dahinter und schneidet nach dem Festnähen den Hintergrundstoff weg, sodass der Applikationsstoff im Ausschnitt sichtbar wird **(Abb. G)**.

Extras

Wenn Ihre Applikation etwas ganz Besonderes werden soll, machen Sie sich noch ein bisschen Extra-Arbeit. Es lohnt sich garantiert.

Q wie Quilten

Einige Projekte in diesem Buch werden gequiltet, zum Beispiel die Untersetzer (Seite 14). Dafür brauchen Sie drei Lagen: die Oberseite mit den Applikationen (rechte Stoffseite nach oben), die Wattierung und den Stoff für die Rückseite (rechte Stoffseite nach unten). Gequiltet wird durch alle drei Lagen. Dabei haben Sie verschiedene Möglichkeiten.

Im Schatten der Naht: Steppen Sie exakt auf den Nähten entlang, mit denen die Teile zusammengesetzt wurden. So sind die Quiltlinien kaum zu sehen.

Gerade Linien: Sie können alle Linien in derselben Richtung steppen. Interessanter sieht es aus, wenn Sie senkrechte, waagerechte und schräge abwechseln **(Abb. H)**.

Abb. H

Freies Quilten: Senken Sie die Transportzacken Ihrer Nähmaschine, setzen Sie einen Stopffuß ein und führen Sie den Stoff so, wie es Ihnen gefällt. Am besten füllen Sie die Fläche mäandernder Linien in nicht zu großen Abständen **(Abb. I)**.

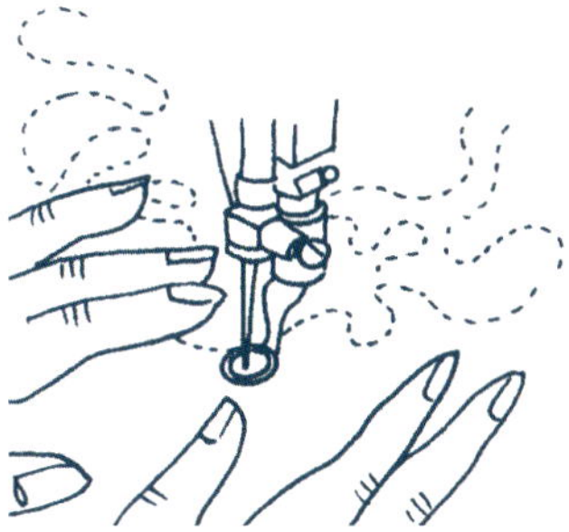

Abb. I

Patchwork: Bei traditionellen Quilts wird das Muster der Oberseite aus vielen kleinen Stoffstücken zusammengesetzt. Patchwork kommt auch bei den Untersetzern (Seite 14), der Reißverschlusstasche (Seite 82) und dem Spielbrett für Kreis und Kreuz (Seite 47) zum Einsatz. Die Teile müssen ganz akkurat zugeschnitten werden. Das gelingt am besten mit einem Rollschneider und einem Quiltlineal auf einer Schneidematte. Die Teile mit 6 mm Nahtzugabe zusammennähen und die Nahtzugaben so bügeln, wie in der Anleitung angegeben.

Sticken und nähen mit der Hand

Man sieht den Projekten in diesem Buch an, dass ich ein großer Fan von Stickerei bin. Ganz gleich, wie Sie Ihr Motiv appliziert haben: Jedes lässt sich noch zusätzlich mit Stickerei verzieren. Alle Stiche, die Sie für die Projekte in diesem Buch kennen sollten, sind im Kasten nebenan zu sehen.

Sticken MIT DER HAND

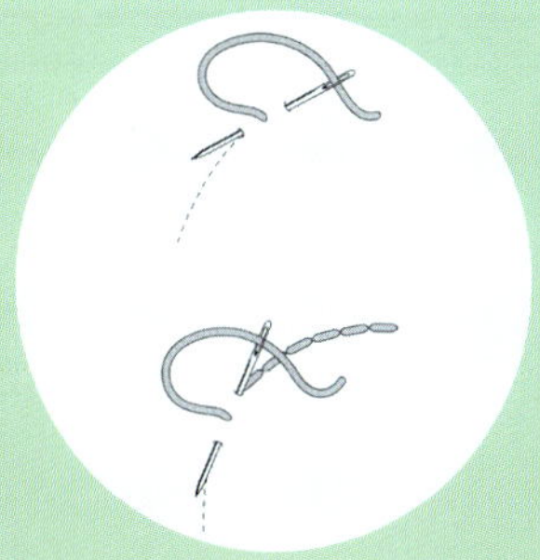

RÜCKSTICH

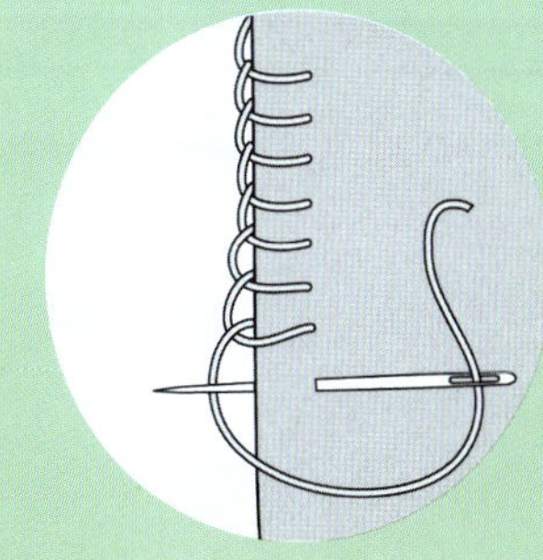

LANGETTENSTICH

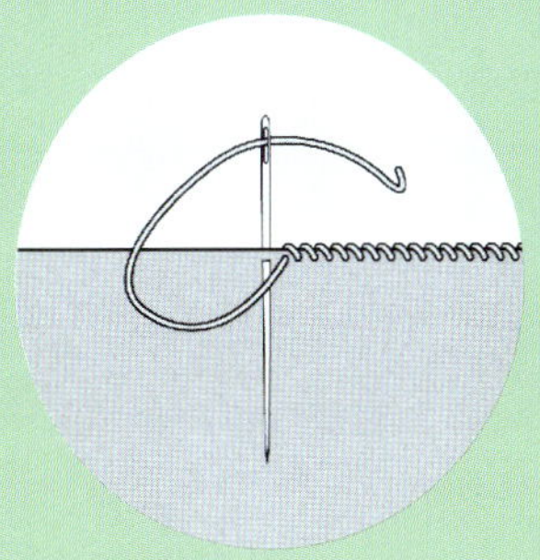

ÜBERWENDLICHER STICH

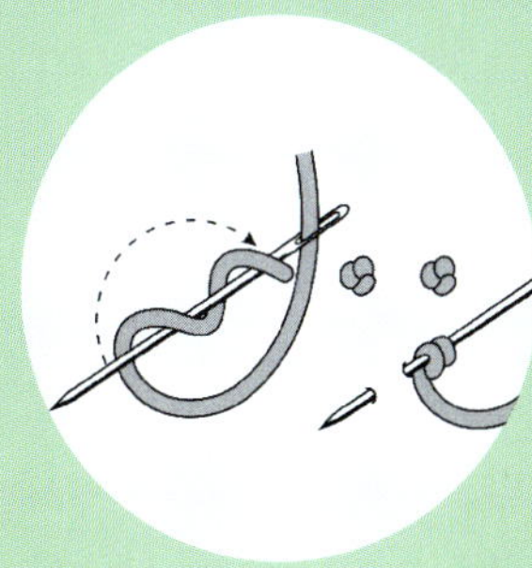

KNÖTCHENSTICH

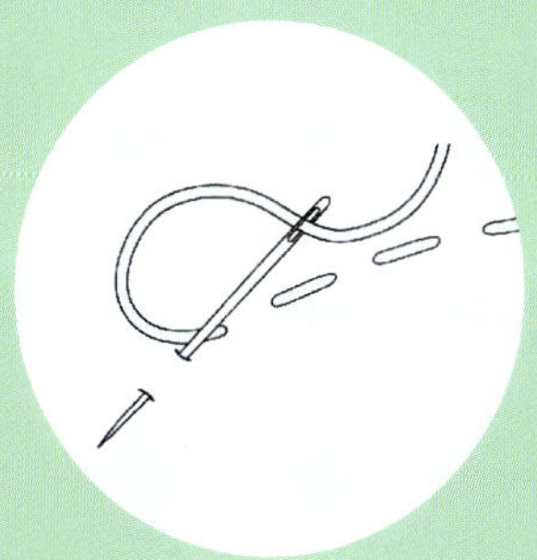

VORSTICH

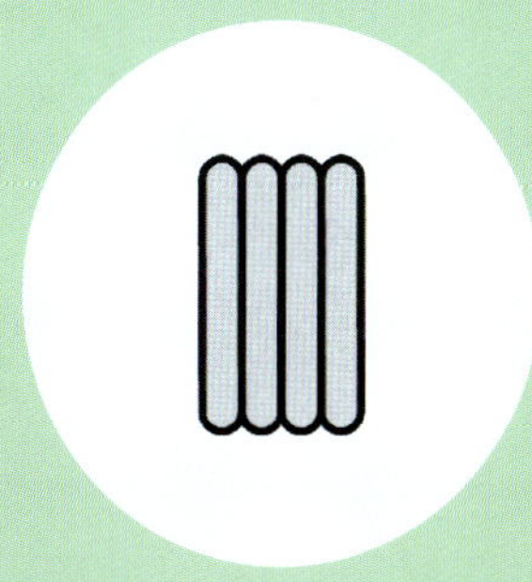

PLATTSTICH

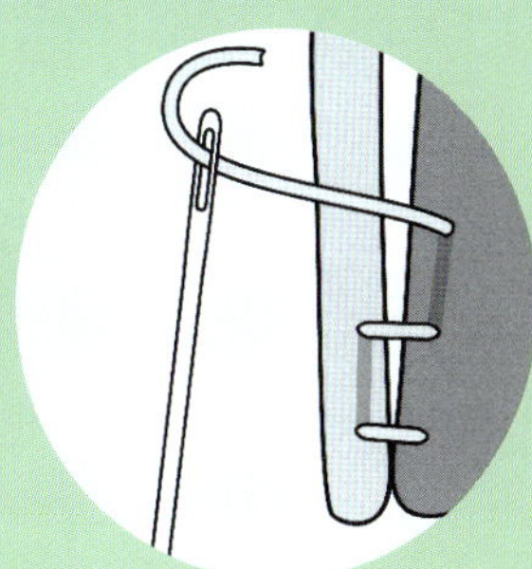

BLINDSTICH

Einfassungen

Bei kleinen, gequilteten Projekten können ausgefranste Stoffränder witzig aussehen. In anderen Fällen sollen die Kanten mit einer Einfassung versäubert werden. Dass so eine Einfassung auch sehr dekorativ sein kann, zeigt das Spielbrett für Kreis und Kreuz (Seite 47).

Schrägstreifen selbst machen

Wenn ein Projekt eingefasst werden soll, können Sie Schrägband kaufen oder selbst machen. Ich schneide gern Streifen aus einem Stoffquadrat und setze sie dann zusammen.
So wird es gemacht:

❶ Ein quadratisches Stück Stoff auf die Schneidematte legen, die rechte Seite zeigt nach oben.

❷ Mit Bleistift und Lineal Linien im Winkel von 45 Grad in gleichmäßigen Abständen zeichnen. Die Abstände entsprechen der Streifenbreite. Sie ist jeweils in der Anleitung angegeben.

❸ Zwei zugeschnittene Streifen rechts auf rechts im rechten Winkel zusammenlegen und mit einer Überlappung von 6 mm zusammenstecken **(Abb. J)**. Mit 6 mm Nahtzugabe zusammennähen, dann die kleinen Spitzen an beiden Seiten abschneiden. Weitere Stücke ebenso ansetzen, bis die gewünschte Länge erreicht ist. Die Nahtzugaben auseinander bügeln **(Abb. K)**.

❹ Den Streifen in Längsrichtung zur Hälfte bügeln **(Abb. L)**.

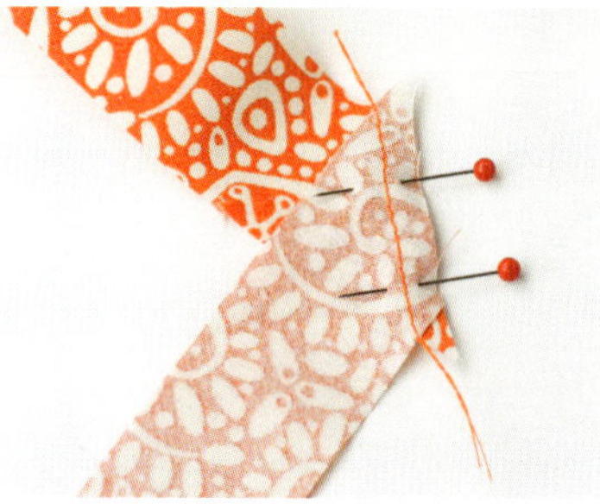

Abb. J

Abb. K

Abb. L

Einfassung im geraden Fadenlauf

Zum Einfassen einer geraden Kante brauchen Sie keinen Schrägstreifen. Schneiden Sie dann einen Streifen im geraden Fadenlauf zu.

❶ Messen Sie die Kante aus. Beim Berechnen der Länge der Einfassung geben Sie etwas für die Überlappung am Anfang und zum Einschlagen an den Ecken zu.

❷ Legen Sie ein quadratisches Stück Stoff auf die Schneidematte, die rechte Seite nach oben.

❸ Nun Streifen im geraden Fadenlauf schneiden, jeweils zwei Enden rechts auf rechts im rechten Winkel aufeinander legen und schräg über die Ecke steppen **(Abb. M)**. Die Nahtzugabe zurückschneiden **(Abb. N)** und auseinander bügeln **(Abb. O)**.

❹ Den zusammengenähten Streifen der Länge nach zur Hälfte bügeln **(Abb. P)**.

Einfassung mit Briefecken

❶ Das Werkstück flach ausbreiten und die Kanten (bei Quilts die Kanten aller Lagen) gerade schneiden.

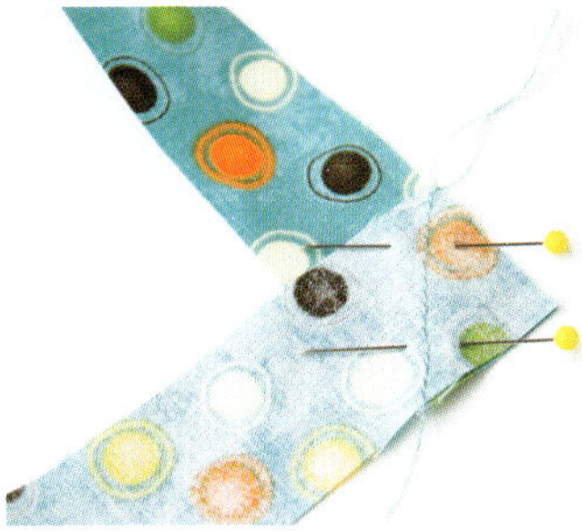

Abb. M

Abb. N

Abb. O

Abb. P

2 In der Mitte einer Kante beginnen. Den Streifen rechts auf rechts genau an die Kante des Werkstücks stecken und nähen. Den Anfang des Streifens 6 mm breit umschlagen.

3 6 mm vor der ersten Ecke anhalten und das Nahtende verriegeln **(Abb. Q)**.

4 Die Arbeit unter der Nähmaschine herausnehmen. Den Streifen an der Ecke im Winkel von 45 Grad zurück falten **(Abb. R)**. Dann den Streifen so falten, dass seine Kante an der nächsten Kante des Werkstücks anliegt, und feststecken **(Abb. S)**. Den Streifen festnähen. Alle anderen Ecken ebenso arbeiten.

5 Wenn der Anfangspunkt erreicht ist, wird der Streifen ein Stück über den umgeschlagenen Anfang genäht.

6 Den Streifen über die Kante zur Rückseite falten. Die Schnittkante nach links einschlagen – gerade so weit, dass die eben genähte Naht verdeckt wird **(Abb. T)**. Die Einfassung ringsherum feststecken. An den Ecken wird eine schräge Falte in den Stoff gelegt und festgesteckt **(Abb. U)**.

7 Wenn Sie den Streifen von hinten festnähen, arbeiten Sie mit Blindstich. Wenn Sie ihn von vorn festnähen, steppen Sie in der Naht.

Abb. T

Abb. Q

Abb. R

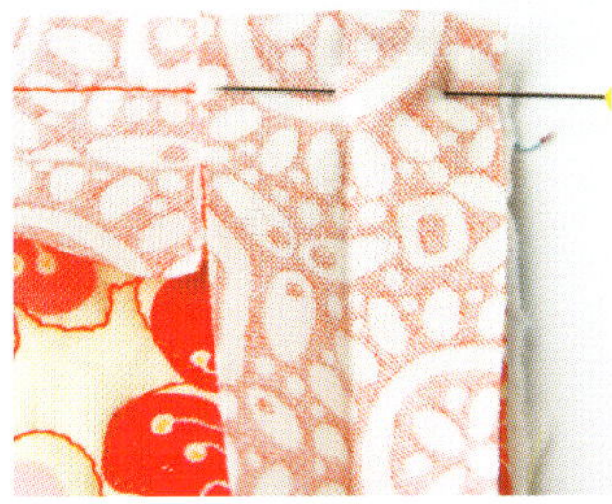

Abb. S

Abb. U

MAKE LIFE SIMPLE

Bunte Reste UNTERSETZER

Genau richtig, um die Tasse darauf abzustellen, und ein Plätzchen hat auch noch Platz.

Aus der Restekiste

25 cm Filz

25 cm Stoff in einer neutralen Farbe, z.B. Leinen, Sackleinen oder Baumwolle

Verschiedene Stoffreste, z.B. Baumwolle, gewebter Wollstoff, und/oder Seide

Stoffrest, bedruckt mit Wörtern oder Sätzen (nach Belieben)

Weitere Materialien

Grundausstattung zum Nähen und Applizieren (Seite 7)

Vorlagen (Seite 121)

25 cm Volumenvlies

25 cm Haftvlies

So geht's

1. Die Stoffreste in Streifen von 16,5 cm Länge und 3 bis 51 cm Breite schneiden.

2. Die Streifen mit 6 mm Nahtzugabe zusammensetzen, bis das Stück 25,5 cm breit ist. Danach das zusammengesetzte Stück mit Rollschneider, Lineal und Schneidematte begradigen. Es soll exakt 16,5 x 24,5 cm groß sein.

3. Je ein Stück Filz und Volumenvlies in derselben Größe zuschneiden und alle drei Lagen aufeinander legen (Seite 10).

4. Zuerst werden alle drei Lagen ringsherum in 6 mm Abstand zum äußeren Rand zusammengesteppt **(Abb. A, Seite 16)**.

5. Dann quilten Sie die Fläche in geraden, parallel zur Streifenrichtung verlaufenden Linien mit Abständen zwischen 6 und 9,5 cm. Es macht nichts, wenn die Stepplinien ein bisschen wellig oder schief werden: Darin liegt der Charme des Selbstgemachten.

6. Für den zweiten Untersetzer die Schritte 1–5 wiederholen.

Abb. A

Abb. B

Abb. C

Abb. D

Abb. E

Applikation

7 Das Haftvlies auf die Rückseite des neutralfarbigen Stoffs bügeln.

8 Die Vorlagen für das Kaufmanns-Und und den Stern vergrößern und ausschneiden. Beide kopfüber auf die Papierseite des aufgebügelten Haftvlieses übertragen. Die Formen ausschneiden.

9 Das Trägerpapier vom Haftvlies abziehen, die Motive seitlich auf die gequilteten Teile legen und aufbügeln.

10 Jede Applikation mit zwei Reihen Geradstichen aufsteppen **(Abb. B)**.

Einfassen

11 Aus den restlichen Stoffresten einen geraden Streifen für die Einfassung zuschneiden (Seite 12) und zu einem Streifen von 3,5 x 91,5 cm zusammensetzen. Der bunt zusammengestückelte Streifen passt gut zum Charakter der gequilteten Oberseite **(Abb. C)**.

12 Den Untersetzer einfassen (Seite 12–13), allerdings wird der Streifen zuerst an die Rückseite gesteppt und dann nach vorn umgeschlagen. Die Schnittkante nicht einschlagen, sondern unversäubert mit zwei parallelen Reihen aus Geradstichen feststeppen **(Abb. D)**.

13 Wenn Sie möchten, schneiden Sie nun noch ein Wort aus bedrucktem Stoff auf und nähen es fest **(Abb. E)**.

Shabby Charme
KISSEN-HÄUSER

Entwerfen Sie Ihr eigenes Idyll auf Leinen – mit unversäuberten Applikationen und Freihand-Stepperei.

Aus der Restekiste

30 cm Leinen

je 25 cm von zwei zueinander passenden Stoffen

verschiedene Stoffreste

Weitere Materialien

Grundausstattung zum Nähen und Applizieren (Seite 7)

Vorlagen (Seite 117)

30 cm leichte Bügeleinlage

Polyester-Füllwatte

Stopfnadel mit großem Öhr

1 m Hanfgarn

So geht's

1 Vorlage A vergrößern und zuschneiden, dann für den unteren Teil des Hauses zweimal auf das Leinen übertragen. Schneiden Sie die Formen aus, und zeichnen Sie alle Markierungen auf den Nahtzugaben an.

2 Vorlage B vergrößern und ausschneiden. Je einmal auf die beiden zueinander passenden Stoffe übertragen und die Formen ausschneiden. Weil zwei verschiedene Stoffe verwendet werden, sieht das Dach auf der Rückseite anders aus als auf der Vorderseite.

3 Mit Vorlage A auch ein Stück Bügeleinlage für die Vorderseite des Haus-Unterteils zuschneiden. Bügeln Sie die Einlage mit einem heißen Bügeleisen auf die Rückseite des Leinens.

4 Legen Sie ein Leinenteil und das vordere Hauptteil rechts auf rechts. Nun die Mittelmarkierungen aufeinander ausrichten und die Kanten zusammenstecken. Das andere Dach ebenso ans rückwärtige Hauptteil stecken **(Abb. A, Seite 20)**.

Abb. A

Abb. B

Abb. C

Abb. D

Applikationen

5 Schneiden Sie aus Stoffresten die Teile für Ihr Motiv zu. Für das rechts abgebildete Kissen brauchen Sie Formen aus verschiedenen Stoffen für eine Café-Szene **(Abb. B)**.

6 Fixieren Sie die Teile für das Motiv in der gewünschten Anordnung mit Sprühkleber auf dem Leinen. Die Stoffteile werden knappkantig mit dunklem Garn und Geradstichen aufgesteppt. Andere Details wie Stuhllehnen oder Fenstersprossen steppen Sie aus freier Hand **(Abb. C)**.

7 Für die Markisen schneiden Sie zwei Stücke Stoff von 10 x 12,5 cm zu. Die Oberkanten aufsteppen, dann den Stoff aufrollen und an den Seiten festheften **(Abb. D)**.

Variation!

Sie können auch eine andere Szene gestalten – ein Schloss, eine Scheune, eine Burg oder einen Leuchtturm? Beim Anordnen der Teile nicht zu viel überlegen!

Abb. E

Das Kissen nähen

8 Vorder- und Rückseite des Hauses rechts auf rechts aufeinander stecken. Die Anfangs- und Endpunkte mit zwei Stecknadeln markieren **(Abb. E)**.

9 Die Teile mit 6 mm Nahtzugabe zusammennähen. An den Ecken und am Dachfirst mit eingestochener Nadel wenden.

10 Die Nahtzugabe an den Ecken schräg abschneiden. Das Kissen wenden und mit Füllwatte ausstopfen. Die Nahtzugaben an der Öffnung nach innen einschlagen und das Kissen von Hand zunähen **(Abb. F)**.

11 Das Hanfgarn in vier Stücke von 25 cm Länge schneiden. Ein Stück des Garns in eine Nadel mit großem Öhr einfädeln. Unterhalb der aufgerollten Markise einstechen, darüber wieder zur Oberseite kommen. Die Fadenenden zur Schlaufe binden. Jede Markise mit zwei solcher Schleifen fixieren. **(Abb. G)**.

Abb. F

Abb. G

Blumige STOFFSCHUHE

In Stoffschuhen mit so niedlichen Applikationen sind Sie im Sommer beschwingt unterwegs.

Aus der Restekiste

Stoffrest in Rot mit Blumen (oder anderen Motiven)

Stoffrest in Türkis

Rest Nessel (nach Belieben)

Baumwollperlgarn in Rot oder Türkis und Weiß

Weitere Materialien

Grundausstattung zum Nähen und Applizieren (Seite 7)

Vorlage (Seite 120)

Haftvlies in der Größe der Stoffreste

Stoff-Spangenschuhe (oder schlichte Ballerinas)

Mini-Bügeleisen (aus dem Bastelfachhandel, optional)

So geht's

1 Bügeln Sie Haftvlies auf die Rückseiten der Stoffreste. Kleine Kreise mit je einer Blume aus dem roten Stoff ausschneiden. Die Vorlage kopieren, den Umriss auf die Papierseite des türkisfarbenen Stoffs übertragen und ausschneiden **(Abb. A–B)**.

2 Nun das Trägerpapier von den Motiven abziehen und die Motive nach Wunsch auf den Schuhen anordnen. Das türkisfarbene Motiv sorgt für einen witzigen Farbakzent **(Abb. C)**.

3 Die Motive mit dem Mini-Bügeleisen auf die Schuhe bügeln. Wenn Sie ein normales Bügeleisen benutzen, stopfen Sie die Schuhe fest mit Nessel aus, damit Sie mit dem Bügeleisen genug Druck ausüben können.

4 Die Motive mit Baumwollperlgarn in Rot und Türkis mit überwendlichen Stichen und einer spitzen Sticknadel aufnähen. Anschließend die Konturen der Formen mit türkisfarbenem Baumwollperlgarn im Vorstich nachsticken **(Abb. D)**.

Abb. A

Abb. B

Abb. C

Abb. D

Zum Mitnehmen

ZUGBEUTEL

In den hübschen Stoffbeuteln mit Monogramm sind Spielsachen, Bastelzubehör oder andere Kleinigkeiten gut verstaut.

Aus der Restekiste

10 cm Stoff in einer Akzentfarbe

1 Stück Stoff für die aufgesetzte Tasche (22 x 26 cm)

1 Stück Stoff für den Buchstaben (18 x 18 cm)

1 Stück Stoff für die Schlaufe (21 x 4 cm)

Baumwollsticktwist

Weitere Materialien

Grundausstattung zum Nähen und Applizieren (Seite 7)

1 Geschirrtuch (71 x 46 cm)

1 Stück Volumenvlies (18 x 18 cm)

Kordel zum Durchziehen (130 cm)

So geht's

1 Aus dem Stoff in Akzentfarbe einen Streifen in der Breite des Musters zuschneiden, dabei an der Oberkante dem Verlauf des Musters folgen. Den Streifen mit Sprühkleber auf dem Geschirrtuch fixieren. Ringsherum mit Zickzackstich aufnähen, dabei an der Unterkante beginnen **(Abb. A, Seite 28)**.

2 Die Oberkante der aufgesetzten Tasche 1,5 cm nach links umschlagen und bügeln. Dieselbe Kante nochmals 3 cm nach links umbügeln und an beiden Schmalseiten feststeppen.

3 Die Taschenkante auf rechts wenden und die Ecken mit einem spitzen Werkzeug herausdrücken. Steppen Sie nun die umgebügelte Saumkante ab. Danach bügeln Sie die Oberkante und bügeln die übrigen drei Kanten 1,5 cm nach links um **(Abb. B, Seite 28)**.

Abb. A

Abb. B

Abb. C

Applikation

4 Zeichnen Sie eine Vorlage für einen Buchstaben eigener Wahl, und schneiden Sie ihn aus einem Stoffrest zu. Dieselbe Form aus Volumenvlies zuschneiden, dabei aber ringsherum 6 mm zugeben.

5 Den Stoffbuchstaben mit Sprühkleber auf dem Volumenvlies fixieren, dann die Applikation mittig auf die Tasche kleben und durch alle Lagen mit Zickzackstich feststeppen **(Abb. C)**.

6 Wenn Sie möchten, sticken Sie um den Buchstaben herum mit Sticktwist eine Reihe Knötchenstiche

7 Nun wird das Geschirrtuch links auf links zur Hälfte gefaltet. An der offenen Seite eine Nahtzugabe von 1,5 cm anzeichnen, dann die Tasche mittig auf der verbleibenden Hälfte feststecken. Unterkante und Seiten feststeppen.

Abb. D

Abb. E

Abb. F

Die Rückseite nähen

8 Das Geschirrtuch rechts auf rechts zur Hälfte falten. Seiten- und Unterkante mit 1,5 cm Nahtzugabe zusammensteppen. Beginnen Sie 5 cm unter der Oberkante, und verriegeln Sie den Nahtanfang mit einigen Rückstichen. Auf rechts wenden **(Abb. D)**.

9 Die Oberkante 5 cm breit nach links einschlagen und knappkantig feststeppen. Dadurch entsteht am oberen Rand ein Tunnel mit Öffnungen an der Naht **(Abb. E)**.

10 In ein Ende der Kordel einen Knoten binden. Dort eine Sicherheitsnadel befestigen und mit ihr die Kordel durch den Tunnel ziehen.

11 Die Längskanten des Stoffstreifens für die Schlaufe zur Mitte falten und mit Zickzackstich festnähen. Die Enden des Streifens mittig an der Innenseite der hinteren Oberkante des Beutels feststecken und feststeppen **(Abb. F)**.

Dekorativer LAMPENSCHIRM

Der Lampenschirm mit einer Variation der Trapunto-Applikation wirft ein angenehmes Licht.

Aus der Restekiste

30 cm Stoff mit einem großen Druckmuster

30 cm Drell oder anderer stabiler Stoff

Baumwollperlgarn

Weitere Materialien

Grundausstattung zum Nähen und Applizieren (Seite 7)

Lampenschirm

Polyester-Füllwatte

kleine Perlen

So geht's

1 Aus dem groß gemusterten Stoff einzelne Motive mit der Zackenschere ausschneiden **(Abb. A, Seite 32)**.

2 Die Teile auf den Lampenschirm stecken. Jedes soll mit einer geraden Kante den oberen oder unteren Rand des Lampenschirms berühren. Dadurch wirkt die fertige Applikation stimmiger **(Abb. B, Seite 32)**.

3 Die Konturen der Motive mit auswaschbarem Textilstift nachzeichnen, dann die Formen wieder von Lampenschirm abnehmen.

4 Die Motive auf Drell stecken und die Formen etwas größer zuschneiden. Jedes Motiv von Hand mit Vorstich auf das entsprechende Teil aus Drell nähen. Verwenden Sie dafür Baumwollperlgarn und eine Sticknadel mit Spitze. Ein kleines Stück Naht zum Ausstopfen offen lassen. Den Drell dicht neben der Vorstich-Naht abschneiden **(Abb. C–D, Seite 32)**.

Abb. A

Abb. B

Abb. C

Abb. D

Abb. E

Abb. F

Abb. G

❺ Jede Applikation leicht mit Füllwatte ausstopfen. Dabei hilft ein dünnes Holzstäbchen **(Abb. E)**. Die Nahtöffnung zunähen. Dann die Applikationen mit Sprühkleber auf die in Schritt 3 angezeichneten Positionen kleben.

❻ Die Applikationen entlang ihrer Konturen mit Vorstich auf den Lampenschirm nähen. Auch entlang der Ober- und Unterkante des Schirms eine Reihe Vorstiche sticken **(Abb. F)**.

❼ Die kleinen Perlen auf Baumwollperlgarn fädeln und nach eigener Wahl auf die applizierten Motive nähen. Dabei die Fäden fest anziehen, um die wattierten Formen etwas einzudrücken. Reste der angezeichneten Konturen mit einem feuchten Tuch abwischen **(Abb. G)**.

Teepause
CAFÉHAUSGARDINE

Peppen Sie eine simple Küchengardine mit kunterbunten Teetassen auf.

Aus der Restekiste

verschiedene Stoffreste

Weitere Materialien

Grundausstattung zum Nähen und Applizieren (Seite 7)

Vorlagen (Seite 127)

Haftvlies-Reste

2 schlichte Caféhausgardinen

So geht's

1. Vorlage A sechsmal auf die Papierseite des Haftvlieses übertragen, dabei dreimal die Vorlage umdrehen, sodass drei Tassen spiegelverkehrt erscheinen. Auch die Untertassen (Vorlage B) und den Tee (Vorlage C) sechsmal auf die Papierseite des Haftvlieses übertragen.

2. Das Haftvlies auf die Rückseite der Stoffreste bügeln. Sie benötigen sechs Tassen mit Untertassen aus jeweils unterschiedlichen Stoffen.

Abb. A

Abb. B

3 Zuerst das Trägerpapier von den Untertassen abziehen und die Motive vorsichtig auf die Gardine bügeln. Dann das Papier von den Tassen abziehen und diese so auf die Untertassen bügeln, dass sich die Konturen etwas überschneiden. Zum Schluss das Papier von den Ovalen für den Tee abziehen und diese auf die Tassen bügeln **(Abb. A)**.

4 Nun alle Applikationen entlang ihrer Konturen mit zwei Reihen Geradstichen aufsteppen **(Abb. B)**.

TIPP

Nachdem das Haftvlies auf die linke Stoffseite gebügelt wurde – aber vor dem Ausschneiden der Formen – sollten Sie das Trägerpapier vorsichtig lösen und wieder auflegen. Dann lässt es sich später leichter abziehen.

Flower Power ANHÄNGER

Die modische Wirkung dieser hübschen kleinen Anhänger sollten Sie nicht unterschätzen!

Aus der Restekiste

2 Stücke Baumwollstoff, je ca. 4,5 x 5 cm

Stoffrest

Baumwollperlgarn

Weitere Materialien

Grundausstattung zum Nähen und Applizieren (Seite 7)

Vorlage (Seite 120)

1 Stück Volumenvlies, ca. 4,5 x 5 cm

Rest Volumenvlies

kleine Perlen

Cutter

Sprengring in passender Größe für die Kette

Kugelkette

Fransenstopp

So geht's

1 Die beiden Baumwollstoffe links auf links legen, dazwischen das Rechteck aus Volumenvlies schieben. Die Lagen mit Sprühkleber aufeinander fixieren und mit der Nähmaschine ringsherum zusammensteppen **(Abb. A)**.

TIPP
Für den grünen Anhänger schneiden Sie ein etwas schmaleres Rechteck zu.

Abb. A

2 Die Vorlage ausschneiden und auf den Stoffrest und den Rest Volumenvlies übertragen. Die Blüten ausschneiden und mit Sprühkleber befestigen.

3 Die Blüte mit überwendlichen Stichen auf das Stoffrechteck nähen. Verwenden Sie dafür kontrastfarbiges Baumwollperlgarn und eine Sticknadel mit Spitze **(Abb. B)**.

4 Mit dem Cutter ein kleines Loch am oberen Rand des Rechtecks einstechen und mit Baumwollperlgarn mit kleinen Stichen dicht an dicht umsticken **(Abb. C)**.

5 Den Sprengring durch das Loch stecken und die Kugelkette durchziehen. Fransenstopp auf die Stoffkanten auftragen, damit sie nicht ausfransen. Kleine Perlen auf Baumwollperlgarn fädeln und in die Mitte der Blüte nähen. Zwischen die Perlen Knötchenstiche sticken.

Abb. B

Abb. C

Aufgeräumt!

VORRATSGLÄSER

Nicht nur Nähutensilien lassen sich in diesen hübschen Schraubgläsern übersichtlich verstauen!

Aus der Restekiste

1 Stück Baumwollstoff (30,5 x 9,5 cm)

1 Stück Nessel (30,5 x 9,5 cm)

verschiedene Stoffreste

Baumwollperlgarn

Weitere Materialien

Grundausstattung zum Nähen und Applizieren (Seite 7)

Vorlage (Seite 120)

1 Stück Volumenvlies (30,5 x 9,5 cm), plus Reste

Zusammengesetzte Einfassung (3,5 x 76,5 cm, gerader Fadenlauf)

3 Stücke Gummiband (6 mm x 5 cm)

3 Knöpfe

So geht's

1 Die Rechtecke aus Nessel, Volumenvlies und Baumwollstoff mit Sprühkleber aufeinander befestigen. Ringsherum in 6 mm Abstand zur Kante zusammennähen. Das Applikationsmotiv auswählen und gemäß der entsprechenden Anleitung aufnähen.

2 *Drei Knöpfe:* Aus Resten von Stoff und Volumenvlies je drei Kreise mit 4,5 cm Durchmesser zuschneiden. Stoff und Vlies mit Sprühkleber aufeinander fixieren, dann die Kreise auf den Hintergrundstoff kleben. Von Hand mit kleinen Rückstichen aufnähen. Verwenden Sie dazu Baumwollperlgarn in einer Kontrastfarbe und eine Sticknadel mit Spitze **(Abb. A, Seite 42)**. Auf jeden Knopf zwei Knötchenstiche für die Löcher sticken und mit einem geraden Stich verbinden **(Abb. B, Seite 42)**.

3 *Garnrolle:* Die Vorlage ausschneiden, auf Reste von Stoff und Volumenvlies übertragen und ausschneiden. Wie den Knopf zusammensetzen und auf dem Hintergrundstoff fixieren. Von Hand mit kleinen Rückstichen aufnähen. Verwenden Sie dazu Baumwollperlgarn in einer Kontrastfarbe und eine Sticknadel mit Spitze.

SEWING

Abb. A

Abb. B

Abb. C

Abb. D

Abb. E

❹ *Zacken-Applikation:* Aus Resten von Stoff und Volumenvlies je ein Quadrat von 5 cm Kantenlänge zuschneiden und mit Sprühkleber aufeinander kleben. Mehrere Reihen Zickzackstiche auf das Quadrat steppen. Dann das Quadrat mit Sprühkleber auf dem Hintergrundstoff fixieren und ringsherum mit Rückstichen aufnähen.

Quilten und einfassen

❺ Nachdem das Motiv appliziert ist, steppen Sie parallele Linien in Abständen von 6 mm auf den Hintergrund **(Abb. C)**, aber nicht über das Motiv. Dann wird das Rechteck mit dem vorbereiteten Streifen eingefasst (Seite 12–13).

❻ Die Gummibandstücke zur Hälfte falten und in gleichmäßigen Abständen an einer Schmalkante auf die Rückseite (Nessel) stecken und feststeppen **(Abb. D)**. An der anderen Schmalkante drei Knöpfe in gleichmäßigen Abständen festnähen **(Abb. E)**.

Zierliche PAISLEY-BROSCHE

Peppen Sie Jacken, Pullis oder Blusen mit einem trendigen Paisley-Motiv auf.

Aus der Restekiste

verschiedene Reste von Wollfilz

Baumwollperlgarn

Weitere Materialien

Grundausstattung zum Nähen und Applizieren (Seite 7)

Vorlagen (Seite 120)

Reste von Haftvlies

kleine Perlen

Broschennadel

So geht's

1 Vorlagen A, B und C ausschneiden und auf die Papierseite des Haftvlieses übertragen. Vorlage A umdrehen und auf die Rückseite eines Filzrestes zeichnen.

2 Das Haftvlies auf die Rückseiten der Filzreste bügeln, dann die drei Formen sauber ausschneiden **(Abb. A, Seite 46)**.

3 Das Trägerpapier von Teil A abziehen. Die beiden seitenverkehrten Teile A links auf links aufeinander bügeln.

4 Die Ränder mit überwendlichen Stichen zusammennähen. Verwenden Sie dafür eine Sticknadel mit Spitze und Baumwollperlgarn.

Abb. A

Abb. B

5 Das Trägerpapier von den Teilen B und C abziehen und beide auf das doppellagige Teil A bügeln – das größere Teil zuunterst.

6 Die Konturen der Teile B und C jeweils mit farblich passendem Baumwollperlgarn aufnähen. In die Mitte können Sie noch kleine Perlen nähen **(Abb. B-C)**.

7 Auf der Rückseite eine Broschennadel festnähen **(Abb. D)**.

Variation!

Drei Broschen in verschiedenen Größen sind ein toller Hingucker auf einem breiten Mantelkragen.

Abb. C

Abb. D

Für unterwegs
KREIS UND KREUZ

Das weiche Spielbrett und die Spielsteine lassen sich klein zusammenrollen – prima zum Mitnehmen ins Auto, ins Flugzeug oder in den Park!

Aus der Restekiste

SPIELBRETT

55 Stücke farbiger Stoff (9,5 x 9,5 cm)

4 Stücke weißer Stoff (9,5 x 9,5 cm)

2 Stücke Stoff für die Bordüre (4 x 25,5 cm)

2 Stücke Stoff für die Bordüre (4 x 31,5 cm)

1 Stück Stoff für die Rückseite (34,5 x 34,5 cm)

1 Stück Stoff für die Tasche (16 x 22 cm)

Einfassung (6 x 140 cm, gerader Fadenlauf)

SPIELSTEINE

25 cm grüner Stoff

15 Stücke gelber Stoff (je 7 x 7 cm)

Stoffrest in Rot

Baumwollperlgarn in einer dunklen Farbe

Weitere Materialien

Grundausstattung zum Nähen und Applizieren (Seite 7)

Vorlagen (Seite 116)

1 Stück Volumenvlies (34,5 x 34,5 cm)

2 Knöpfe

2 Stücke Kordel (je 36 cm lang)

10 Quadrate aus Volumenvlies (je 7 x 7 cm)

Abb. A

Abb. B

Abb. C

Abb. D

Abb. E

Abb. F

So geht's

Spielbrett

1 Die Quadrate aus farbigem und weißem Stoff so in Dreierreihen auslegen, dass sich ein Schachbrettmuster ergibt. Die Teile jeder Reihe mit 6 mm Nahtzugabe zusammennähen, dann die Nahtzugaben jeweils zum farbigen Stoff bügeln **(Abb. A)**.

2 Nun die drei Reihen mit 6 mm Nahtzugabe zusammennähen und die Nahtzugaben in die Richtung bügeln, in die sie sich von selbst legen.

3 Die kürzeren Bordüren an Ober- und Unterkante des Schachbretts nähen, danach die beiden längeren Bordüren an die seitlichen Kanten nähen **(Abb. B)**.

4 Rückseitenstoff (rechte Seite nach unten), Volumenvlies und Schachbrett aufeinander stecken und durch alle Lagen im Schatten der Naht exakt auf den Linien zwischen den Schachbrett-Feldern quilten.

5 Eine Längsseite der Tasche zuerst 1,5 cm, dann 2,5 cm breit nach links umbügeln. Den doppelten Saum feststeppen. Die Seiten- und Unterkanten 6 mm breit nach links umbügeln **(Abb. C–D)**.

6 Die Tasche in 2,5 cm Abstand zu einer Kante (dies wird die Oberkante) und mittig zwischen den Seitenkanten auf die Rückseite des Spielbretts steppen **(Abb. E zeigt das Spielbrett zur Hälfte gefaltet)**.

7 Im unteren Bereich der Tasche zwei Knöpfe annähen, dabei aber nur durch den Taschenstoff nähen. Dann die Tasche durch eine senkrechte Steppnaht in der Mitte in zwei Abteile unterteilen **(Abb. F)**.

Abb. I

Abb. J

8 Das Spielbrett mit dem langen Streifen einfassen. Wie es gemacht wird, lesen Sie auf Seite 12–13 **(Abb. I–J)**.

9 Um den inneren Rand des Spielbretts mit dunklem Baumwollperlgarn eine Reihe Vorstiche sticken.

10 Die beiden Stücke Kordel mit 10 cm Abstand zu den Seitenkanten an die Innenseite der Einfassung heften und am Rand der Einfassung sorgfältig festnähen **(Abb. K)**.

Abb. K

Abb. M

Abb. L

Abb. N

Spielsteine

11 Für die Kreuze Vorlage A ausschneiden und fünfmal auf den grünen Stoff übertragen. Für die Kreise Vorlage C ausschneiden, zehnmal auf den grünen Stoff und fünfmal auf Volumenvlies zeichnen. Die Formen ausschneiden.

12 Vorlage B ausschneiden und das Herz fünfmal auf den roten Stoffrest übertragen **(Abb. L)**.

13 Die fünf Kreuze mit Sprühkleber auf fünf gelben Stoffquadraten fixieren. Die Herzen ebenso auf grünen Stoffkreisen befestigen. Alle Applikationen mit Satinstich aufsteppen **(Abb. M)**.

14 Nun jeweils einen grünen Stoffkreis ohne Applikation (rechte Seite nach unten), einen Kreis aus Volumenvlies und einen Kreis mit Applikation mit Sprühkleber aufeinander kleben.

15 Ebenso jeweils ein gelbes Stoffquadrat ohne Applikation (rechte Seite nach unten), ein Quadrat aus Volumenvlies und ein Quadrat mit Applikation mit Sprühkleber aufeinander kleben.

16 Die Kanten der geschichteten Kreise und Quadrate durch alle drei Lagen mit Satinstich zusammensteppen **(Abb. N)**.

17 Um jede Applikation mit Baumwollperlgarn eine Reihe Vorstiche sticken **(Abb. N)**.

pure joy.

Ahoi!

SET FÜRS BABY

Aus der teuren Baby-Boutique? Nein! Mit preiswerten Basics aus dem Kaufhaus selbst gemacht.

Aus der Restekiste

verschiedene Stoffreste in abgestimmten Farben

1 Fat Quarter (ca. 46 x 56 cm) Stoff für die Einfassung

Weitere Materialien

Grundausstattung zum Nähen und Applizieren (Seite 7)

Vorlagen (Seite 122–123)

25 cm Haftvlies

2 Stoffwindeln

1 Baby-Shirt

Schrägband, zur Hälfte gebügelt (64 cm)

So geht's

Lätzchen

1 Haftvlies passend zuschneiden und auf die linke Seite der Stoffreste bügeln.

2 Vorlagen A, B und C ausschneiden, kopfüber auf die Papierseite des Haftvlieses legen und nachzeichnen. Die Formen ausschneiden. Aus Stoff mit Haftvlies ein weiteres Stück von 1 x 9 cm zuschneiden.

3 Vorlage D ausschneiden, auf eine Stoffwindel stecken und aus dem Stoff die Lätzchenform ausschneiden.

4 Das Trägerpapier von den Teilen A, B und C und dem Stoffstreifen abziehen. Die Teile auf dem Lätzchen anordnen und aufbügeln.

5 Die Applikationen mit der Nähmaschine mit Langettenstich aufnähen.

Abb. A

Abb. B

6 Die äußere Kante des Lätzchens mit dem Schrägband einfassen. Wie es gemacht wird, können Sie auf Seite 12–13 nachlesen. Das Schrägband an die Rückseite des Lätzchens nähen und zur Vorderseite umschlagen.

7 Zum Einfassen der Oberkante aus dem vorgesehenen Stoff zwei Streifen von 3,5 cm Breite schneiden und zu einem Stück von 87 cm Länge zusammensetzen. Längs zur Hälfte falten und bügeln (siehe Seite 12).

8 Die Mitte des Schrägstreifens an die vordere Mitte der Lätzchen-Oberkante stecken. Den Streifen von der Mitte zu einem Ende an die Rückseite nähen, dann – wieder von der Mitte – zum anderen Ende. Den Streifen zur Vorderkante legen, die Kante 6 mm breit einschlagen und knappkantig von einem Ende des Streifens bis zum anderen zusammennähen. Dabei entstehen die Bindebänder **(Abb. A-B)**.

Abb. C

Shirt

9 Vorlage E und F ausschneiden und kopfüber auf das Haftvlies auf zwei weiteren vorbereiteten Stoffresten legen. Die Formen ausschneiden. Außerdem aus Stoff mit Haftvlies einen Streifen von 1 x 9 cm zuschneiden.

10 Die Motive auf die Vorderseite des Shirts bügeln und applizieren, wie in Schritt 2–5 beim Lätzchen beschrieben **(Abb. C)**.

Abb. D

Spucktuch

11 Vorlagen G, H und I ausschneiden und jede einmal kopfüber auf das Haftvlies auf den übrigen vorbereiteten Stoffresten übertragen. Die Formen ausschneiden. Außerdem aus Stoff mit Haftvlies einen Streifen von 1 x 9 cm zuschneiden.

12 Das Segelboot auf die Vorderseite der restlichen Stoffwindel bügeln und applizieren, wie in Schritt 2–5 beim Lätzchen beschrieben.

13 Wenn Sie möchten, können Sie das Tuch noch einfassen (Seite 12–13). Messen Sie die Kanten und setzen Sie Streifen in passender Länge zusammen **(Abb. D)**.

dream
big!

dream big! WANDDEKO

Schnell gemacht, schnell aufgehängt (und schnell gewechselt).

Aus der Restekiste

30 cm Filz in Cremeweiß

verschiedene Stoffreste in fünf oder sechs abgestimmten Farben

Baumwollperlgarn

Weitere Materialien

Grundausstattung zum Nähen und Applizieren (Seite 7)

Vorlagen (Seite 118)

50 cm Haftvlies

9 Stücke Kordel oder Perlgarn, je 7,5 cm lang

Polyester-Füllwatte

9 Knöpfe

1 Stück Band (2,5 x 115 cm)

1 Stück Band (2,5 x 92 cm)

1 Stück Band (2,5 x 51 cm)

So geht's

1 Aus dem Filz mit der Zackenschere für jeden Buchstaben zwei Recht-ecke zuschneiden:
D—11,5 x 16,5 cm
R—11 x 15.5 cm
E—12 x 14 cm
A—11,5 x 15,5 cm
M—13 x 14 cm
B—11,5 x 16,5 cm
I—8,5 x 16.5 cm
G—12 x 16 cm
!—8,5 x 16,5 cm

2 Haftvlies passend zuschneiden und auf die Rückseiten der Stoffreste bügeln.

3 Die Vorlagen ausschneiden und jede kopfüber auf die Papierseite der vorbereiteten Stoffreste zeichnen. Die Formen ausschneiden **(Abb. A, Seite 58)**.

4 Das Trägerpapier abziehen, die Applikationen jeweils auf das Vorderteil des entsprechenden Paars von Filzrechtecken legen und aufbügeln.

5 Die Applikationen mit rotem Baumwollperlgarn mit Langettenstich aufnähen **(Abb. B, Seite 58)**.

Abb. A

Abb. B

Abb. C

Abb. D

Zusammensetzen

6 Die Kordelstücke zu Schlaufen legen und mittig an die Oberkante der Rückseiten-Rechtecke nähen **(Abb. C)**.

7 Vorder- und Rückseite der Buchstaben-Rechtecke mit rotem Baumwollperlgarn und Vorstich zusammennähen, aber jeweils an der Seite eine 2,5 cm große Öffnung zum Ausstopfen lassen.

8 Mit einem Stäbchen Polyester-Füllwatte zwischen die Stofflagen schieben, dann die Nahtöffnungen mit Vorstichen schließen **(Abb. D)**.

Fertigstellung

9 Etwa 23 cm unter dem oberen Ende des 115 cm langen Bandes einen Knopf aufnähen. Vier weitere Knöpfe so auf das Band nähen, dass die Schlaufen der fünf Buchstaben für das erste Wort (D-R-E-A-M) daran befestigt werden können.

10 Ebenso für das Wort B-I-G drei Knöpfe auf das 92 cm lange Band nähen.

11 Die oberen 10 cm der Bänder längs zur Hälfte falten und zusammennähen, dann diese Enden doppelt legen und zu Schlaufen nähen, an denen die Banner aufgehängt werden.

Zeitlos pfiffig
ARMBANDUHR

Mit dieser Uhr kommen Sie nicht immer pünktlich, aber Sie sorgen für Aufsehen!

Aus der Restekiste

verschiedene Stoffreste in abgestimmten Farben

Baumwollperlgarn in Schwarz und verschiedenen bunten Farben

Weitere Materialien

Grundausstattung zum Nähen und Applizieren (Seite 7)

Vorlagen (Seite 120)

1 Stück mittelfestes Bügelvlies (18 x 13 cm)

1 Rest Transparentfolie

Permanentmarker in Schwarz

Gummiband, 6 mm breit

1 Knopf

So geht's

Ziffernblatt

1 Vorlagen A, B und C ausschneiden und auf das Bügelvlies stecken. Die Formen ausschneiden. Vorlagen A und B auf Stoffreste stecken und zuschneiden, Vorlage C zweimal zuschneiden.

2 Die drei Teile C in der Reihenfolge Stoff – Einlage – Stoff mit Sprühkleber aufeinander fixieren. Ringsherum mit Langettenstich umsticken. Verwenden Sie dafür Baumwollperlgarn und eine Sticknadel mit Spitze **(Abb. A, Seite 62)**.

3 Je ein Teil B aus Stoff und Bügeleinlage zuerst mit Sprühkleber aufeinander fixieren, dann mit Langettenstich und Baumwollperlgarn zusammennähen. Danach dieses Teil auf das große Oval nähen, das in Schritt 2 entstanden ist **(Abb. B, Seite 62)**.

4 Für das Ziffernblatt je ein Teil A aus Stoff und Bügeleinlage mit Sprühkleber aufeinander fixieren, dann mit Langettenstich und Baumwollperlgarn zusammennähen. Die Zahlen mit schwarzem Garn auf das Ziffernblatt sticken. Weitere Verzierungen mit Garn in anderen Farben aufsticken. Die Zeiger werden mit schwarzem Baumwollperlgarn aufgestickt **(Abb. C, Seite 62)**.

GLADWELL

Abb. A

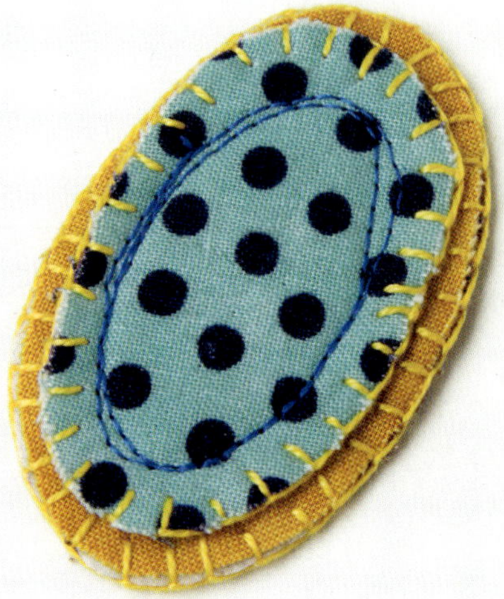

Abb. B

Abb. C

Abb. D

Abb. E

Abb. F

Abb.G

5 Vorlage A mit dem schwarzen Permanentmarker auf die Transparentfolie übertragen und die Form ausschneiden.

6 Folie, Ziffernblatt und die umstickten mittleren und großen Ovale aufeinander legen und von Hand so zusammennähen, dass jeder Stich eine Stundenmarkierung ergibt **(Abb. D)**.

7 Zwei Stücke Gummiband von 3,5 cm Länge zuschneiden, an die Rückseite der Uhr stecken und mit Nähgarn in der Farbe des in Schritt 6 verwendeten Stickgarns festnähen. Die Stiche exakt auf die vorherigen nähen, damit sie nicht auffallen **(Abb. E)**.

Armband

8 Aus dem restlichen Bügelvlies einen Streifen von 2,5 x 18 cm zuschneiden. Aus einem Stoffrest einen Streifen von 6 x 18 cm zuschneiden.

9 Das Vlies mit Sprühkleber mittig auf dem Stoff befestigen, dann die Kanten des Stoffs umschlagen und aufbügeln. Die Mitte und beide Längsseiten mit Zickzackstich absteppen.

10 Aus Stoffresten kleine Kreise und Streifen ausschneiden, mit Sprühkleber auf dem Armband befestigen und festnähen **(Abb. F)**.

11 Ein 6,5 cm langes Stück Gummiband zuschneiden. Zur Schlaufe legen und an ein Ende des Armbandes nähen. Ans andere Ende einen Knopf nähen **(Abb. G)**.

12 Das Armband unter das Gummiband am Ziffernblatt schieben und zuknöpfen – fertig!

Träum schön
ZAHNKISSEN

Bei diesem bezaubernden Kissen macht die Zahnfee bestimmt Station!

Aus der Restekiste

25 cm Stoff in Weiß

25 cm Volumenvlies

weißes Baumwollperlgarn

Metallic-Baumwollsticktwist

Weitere Materialien

Grundausstattung zum Nähen und Applizieren (Seite 7)

Vorlagen (Seite 116)

Freezer Paper

Flüssige Wäschestärke und eine kleine Schüssel (nach Belieben)

dünner Pinsel (nach Belieben)

Kissenbezug

Cutter

So geht's

1 Vorlage A ausschneiden und auf die matte Seite eines Stücks Freezer Paper übertragen. Die Form ausschneiden und mit der glänzenden Seite auf die linke Seite des weißen Stoffs bügeln. Den Stoff mit 6 mm Zugabe rings um die Vorlage abschneiden. Mit derselben Vorlage ohne Zugabe die Form aus Volumenvlies zuschneiden.

2 Das Volumenvlies beiseitelegen. Die Nahtzugabe an den Rundungen des Stoffzahns einschneiden und entlang der Papierkanten nach links umbügeln. Sie bleiben besser in Form, wenn man sie vorher mit etwas flüssiger Wäschestärke einpinselt **(Abb. A, Seite 66)**.

3 Das Freezer Paper aus der vorbereiteten Stoffform herausnehmen. Die Stoffreste auf das entsprechende Stück Volumenvlies legen. Das Volumenvlies unter die Nahtzugabe schieben und festheften **(Abb. B, Seite 66)**.

4 Schritt 1–3 wiederholen und mit Vorlage A einen zweiten Zahn in derselben Größe vorbereiten.

5 Vorlage B ausschneiden und wie in Schritt 1–2 einen weiteren, etwas größeren Zahn vorbereiten. Das Freezer Paper aus dem vorbereiteten und gebügelten Zahn B herausnehmen. Den Zahn auf das Volumenvlies legen, aber die Lagen noch nicht zusammenheften. Beiseite legen.

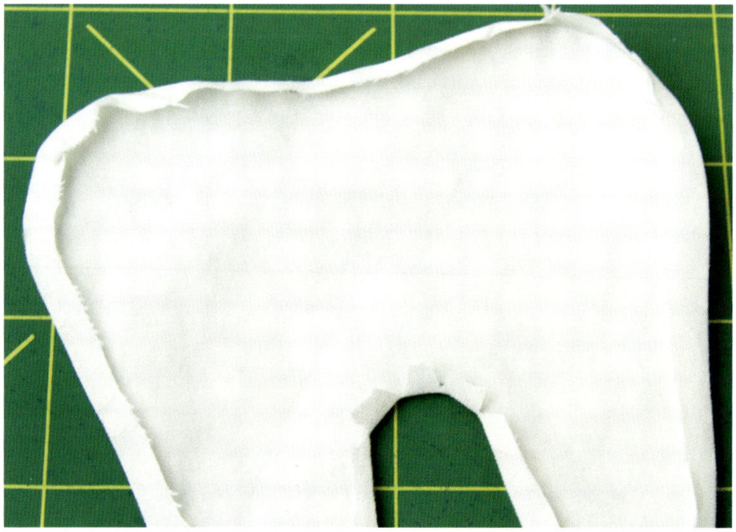

Abb. A

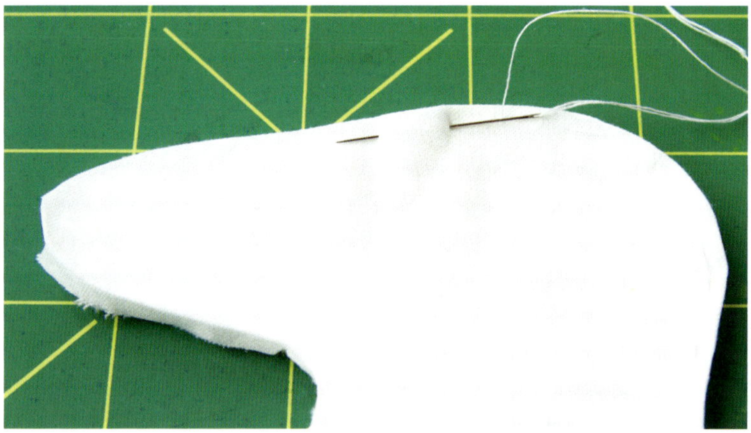

Abb. B

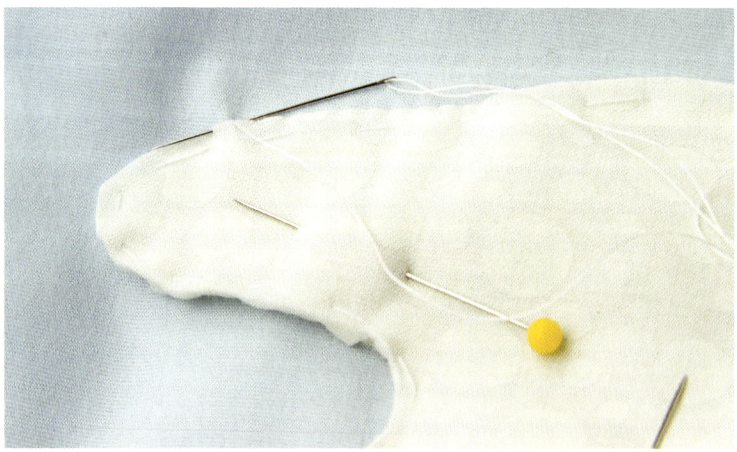

Abb. C

Applikation

6 Die beiden kleinen Zähne auf das Kissen stecken (siehe Foto) und mit Blindstich aufnähen **(Abb. C)**.

7 Von Hand mit Baumwollperlgarn und einer Sticknadel mit Spitze eine Reihe im Vorstich parallel zur inneren Kontur des Zahns sticken, zwei weitere Reihen im Vorstich parallel zur äußeren Kontur.

8 Vorlage C ausschneiden, auf den weißen Stoff stecken und die Kontur nachzeichnen. Die Form ohne Zugabe zuschneiden.

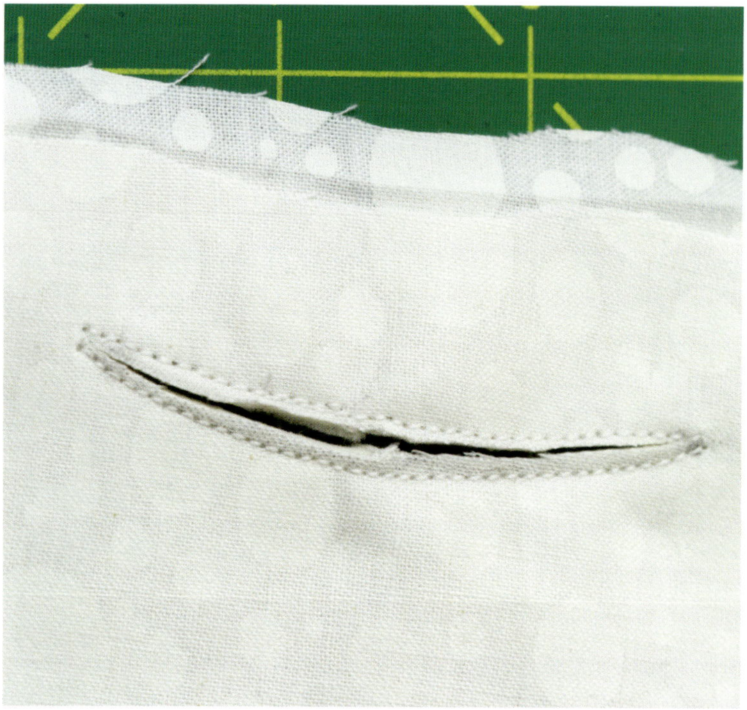

Abb. D

Abb. E

Abb. F

9 Die gekrümmte Linie auf die linke Seite von Teil C (aus Stoff) zeichnen, dann dieses rechts auf rechts auf den großen Zahn (Schritt 5) stecken. Rings um die Linie mit 3 mm Abstand steppen, an den Enden mit eingestochener Nadel wenden. Vorsichtig mit einem Cutter auf der Linie durch alle Stofflagen schneiden **(Abb. D)**.

10 Teil C (Stoff) komplett durch den Einschnitt ziehen. Damit ist der Einschnitt verstürzt und kann glatt gebügelt werden. Rings um den Einschnitt eine Reihe Vorstiche mit Baumwollperlgarn sticken **(Abb. E)**.

11 Die Stofflage von Teil C bis zur Oberkante des Zahns zur Hälfte falten. Zahn B (Stoff) ans Volumenvlies und die gefaltete Lage C heften. Dabei das Volumenvlies und den gefalteten Stoff sorgfältig unter die Nahtzugabe von Zahn B schieben **(Abb. F)**.

12 Den Zahn mittig auf den Kissenbezug stecken und mit Blindstich festnähen. Mit Baumwollperlgarn eine Reihe im Vorstich parallel zur inneren Kontur und zwei Reihen parallel zur äußeren Kontur aufsticken.

13 Mit Stielstich und Metallic-Baumwollgarn ein Glitzersternchen in die rechte obere Ecke des mittleren Zahns sticken.

Variation!

Sie können die Zähne auch auf einen kleinen Quilt applizieren, den Sie über dem Kinderbett an die Wand hängen.

Waldemar WICHTEL

Das Nähen dieser bärtigen Figürchen macht so viel Spaß, dass Sie nach dem ersten bestimmt nicht aufhören wollen.

Aus der Restekiste

1 Stück Drell (30,5 x 30,5 cm)

1 Stück Drell (10,2 x 13 cm)

1 Stoffrest (30,5 x 30,5 cm), plus weitere Reste

verschiedene Filzreste

Baumwollsticktwist oder Baumwollperlgarn in verschiedenen Farben

Weitere Materialien

Grundausstattung zum Nähen und Applizieren (Seite 7)

Vorlagen (Seite 124)

Polyester-Füllwatte

1 Stück Bügeleinlage (10,5 x 13 cm)

So geht's

1 Vorlage A ausschneiden, auf das große Stück Drell und seitenverkehrt auf den großen Stoffrest übertragen. Die Formen ausschneiden. Sie bilden Vorder- und Rückseite des Wichtels.

2 Vorlagen B, C, D, E, F, G und H ausschneiden und auf die verschiedenen Filz- und Stoffreste übertragen. Teil H wird für die Schuhe zweimal benötigt. Kontrollieren Sie zur Vorsicht noch einmal, ob wirklich alle erforderlichen Teile zugeschnitten sind. Das Gesicht wird direkt auf den Drell gestickt und appliziert. Die Teile beiseitelegen **(Abb. A, Seite 72)**.

TIPP
Für einen etwas kleineren Wichtel die Vorlagen nicht vergrößern. Soll der Wichtel größer werden, vergrößern Sie ihn auf 200%.

Abb. A

Abb. B

Abb. C

Abb. D

3 Vorder- und Rückseite der Figur rechts auf rechts aufeinander stecken und mit 6 mm Nahtzugabe zusammennähen. Die Unterkante bleibt offen. Die Nahtzugabe an Ecken abschrägen, an Rundungen einschneiden. Auf rechts wenden.

4 Die Figur mit Polyester-Füllwatte ausstopfen, aber nicht zu fest, sonst wellt sich der Stoff. Die Watte mit einem Stäbchen in Ecken und Winkel schieben.

5 Die Nahtzugaben an der Unterkante 6 mm breit nach links einschlagen und umheften **(Abb. B)**.

6 Vorlage I ausschneiden und je einmal auf das restliche Stück Drell und auf Bügelvlies übertragen. Die Formen ausschneiden. Die Einlage so zurückschneiden, dass sie ringsherum 6 mm kleiner ist als der Drell.

7 Die Einlage auf dem Drell feststecken und knappkantig aufsteppen.

8 Den ovalen Boden in die untere Öffnung der Figur schieben, die Einlage zeigt nach innen. Mit Blindstich festnähen **(Abb. C)**.

Applikation

9 Die in Schritt 2 beiseitegelegte Hose mit Baumwollsticktwist und überwendlichen Stichen auf die Figur applizieren. Hemd, Bart, Haare, Schuhe und Mütze ebenso applizieren. Die Teile sollen einander an den Rändern leicht überlappen **(Abb. D)**.

10 Für den Gürtel aus einem Stoffrest einen Streifen von 2,5 x 13,5 cm zuschneiden. Beide Längsseiten 6 mm nach links umbügeln. Die in Schritt 2 beiseitegelegte Schnalle auf den Gürtel schieben. Den Gürtel auf die Figur stecken und mit überwendlichen Stichen festnähen.

11 Aus Filzresten Kreise in gewünschter Größe für die Augen zuschneiden und mit überwendlichen Stichen aufnähen. Der Mund wird mit braunem Baumwollsticktwist aufgestickt. In die Mitte der Kreise auf der Mütze und an die Enden des Mundes Knötchenstiche sticken.

Zum Verschenken

FUROSHIKI

Diese traditionelle japanische Verpackung wertet jedes Geschenk auf – vor allem, wenn sie liebevoll selbst gemacht ist.

Aus der Restekiste

1 Stück Stoff (61 x 61 cm oder in passender Größe für Ihr Geschenk

1 Stück Stoff für die Einfassung (3,5 x 273 cm)

verschiedene Stoffreste

Baumwollperlgarn

Weitere Materialien

Grundausstattung zum Nähen und Applizieren (Seite 7)

Vorlagen (Seite 126)

Haftvlies

So geht's

1 Das Geschenk schräg in die Mitte des Stoffs legen und die diagonal gegenüberliegenden Ecken locker verknoten. Die Kanten der Vorder- und Rückseite sowie die Seitenteile mit großen Heftstichen markieren **(Abb. A, Seite 76)**.

2 Den Stoff flach ausbreiten. Die Heftstiche bilden jetzt ein Raster, an dem Bodenfläche und Seiten des Geschenks zu erkennen sind. So ist es leicht, günstige Positionen für die Applikationen zu finden.

3 Auf die Rückseiten der verschiedenen Stoffreste Haftvlies bügeln.

4 Die Vorlagen für die Kreise ausschneiden und auf die Papierseite der vorbereiteten Stoffe zeichnen. Die Formen ausschneiden. Das Trägerpapier abziehen, die Kreise nach eigenem Geschmack überlagern und so auf den Stoff legen, dass sich an allen Seiten des gehefteten Kreuzes Kreise befinden. Einige Kreise dürfen über die Heftlinien hinausragen. Die Kreise auf den Hauptstoff bügeln **(Abb. B, Seite 76)**.

Abb. A

Abb. B

Abb. C

Abb. D

Abb. E

Abb. F

TIPP
Nach dem Applizieren der Kreise schneiden Sie ein zweites Stück Stoff in derselben Größe zu und nähen beide links auf links entlang der Außenkanten zusammen. Dann erst einfassen. So entsteht ein Wende-Furoshiki.

5 Die aufgebügelten Kreise mit Baumwollperlgarn und Langettenstich aufnähen, dann mit Knötchenstich und anderen Zierstichen dekorieren **(Abb. C)**.

6 Den Hauptstoff mit dem langen Streifen einfassen. Wie es gemacht wird, können Sie auf Seite 12–13 nachlesen.

7 Mit einer Sticknadel mit Spitze und Baumwollperlgarn die Einfassung mit Langettenstichen umsticken **(Abb. D)**.

Fertigstellung

8 Das Geschenk wieder wie in Schritt 1 einwickeln und die Heftstiche entfernen **(Abb. E-F)**.

Schwebendes Herz

DEKO-KUGEL

Damit dieses bestickte Herz zu schweben scheint, brauchen Sie nur ein Stück transparente Folie. Eine zauberhafte Dekoration für die Wohnung!

Aus der Restekiste

1 Stück Stoff (6 cm x 6 mm)

verschiedene Stoffreste

Reste von Volumenvlies

Baumwollperlgarn

Reststück Band

Weitere Materialien

Grundausstattung zum Nähen und Applizieren (Seite 7)

Vorlagen (Seite 127)

Permanentmarker in Schwarz

kleine Glasperlen

Perlennadel

1 Stück transparente Folie (10,5 x 10,5 cm)

Weihnachtskugel aus transparentem Glas, Umfang ca. 21,5 cm

Sprühfarbe oder Acrylfarbe und Pinsel (nach Belieben)

So geht's

1 Vorlagen A (groß), B (mittel) und C (klein) ausschneiden und auf verschiedene Stoffreste zeichnen. Die Formen ausschneiden.

2 Vorlage C mit einem schwarzen Permanentmarker auf einen Rest Volumenvlies zeichnen und an der Innenseite der Linie ausschneiden, damit das Herz aus Volumenvlies etwas kleiner wird als das kleine Stoffherz, das in Schritt 1 zugeschnitten wurde. Die linke Stoffseite von Herz C mit Sprühkleber auf dem Volumenvlies befestigen **(Abb. A, Seite 80)**.

3 Das große Stoffherz mit Sprühkleber auf einen Rest Volumenvlies kleben und das Vlies so abschneiden, dass es etwas vorsteht **(Abb. B, Seite 80)**.

4 Das kleine Herz, das mittlere (ohne Volumenvlies) und das große mit Sprühkleber aufeinander befestigen **(Abb. C, Seite 80)**. Das kleine und das mittlere Herz mit überwendlichen Stichen und doppeltem Nähgarn durch alle Lagen hindurch festnähen **(Abb. D, Seite 80)**.

5 Nach Belieben mit einer Perlennadel und Nähgarn kleine Glasperlen auf das kleinste Herz nähen.

Abb. A

Abb. B

Abb. C

Abb. D

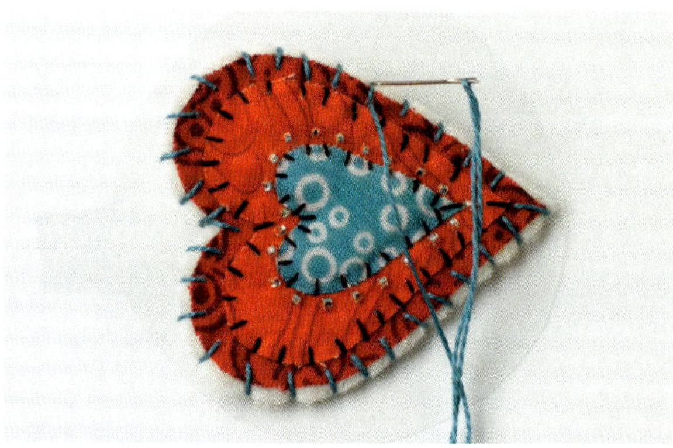
Abb. E

Abb. F

6 Vorlage D mit dem Permanentmarker auf die Folie übertragen und entlang der inneren Kontur ausschneiden. Das Folienherz muss etwas kleiner sein als das Stoffherz.

7 Das Stoffherz mit Sprühkleber auf dem Folienherz befestigen und beide ringsherum mit überwendlichen Stichen zusammennähen. Verwenden Sie dafür eine Sticknadel mit Spitze und Baumwollperlgarn **(Abb. E)**.

Fertigstellung

8 Das Herz aufrollen und vorsichtig in die Glaskugel schieben. Im Inneren entrollt es sich wieder **(Abb. F)**.

9 Die Kappe der Kugel mit Farbe einsprühen oder bemalen oder einen Streifen Stoff herumkleben. Eine Schleife aus dem Bandrest an den Aufhänger binden.

Frühlingsblüten

REISSVERSCHLUSSTASCHE

Genau richtig zum Verstauen aller möglichen Kleinigkeiten!

Aus der Restekiste

1 Stück Stoff für die Vorderseite (14 x 26 cm)

1 Stück Stoff für die Rückseite (18 x 26 cm)

2 Stücke Stoff für das Futter (je 18 x 26 cm)

7 Stücke Stoff in passenden Farben (je 4,5 x 4,5 cm)

1 Stück Stoff für das Reißverschlussende (2,5 x 2,5 cm)

1 Stück Stoff für das Zugband (4 x 18 cm)

verschiedene Stoffreste

2 Stücke Volumenvlies (je 18 x 26 cm)

Weitere Materialien

Grundausstattung zum Nähen und Applizieren (Seite 7)

Vorlagen (Seite 125)

25 cm Haftvlies

Reißverschlussfuß

1 Reißverschluss, 23 cm lang

2 Stücke längs gefaltetes Schrägband, je 17 cm lang

So geht's

1 Die Vorlagen ausschneiden und auf die Papierseite des Haftvlieses übertragen. Das Haftvlies auf die linke Seite der Stoffreste bügeln. Alle Stiele auf denselben Stoff bügeln, die Blüten auf verschiedene Reste. Alle Formen ausschneiden und beiseite legen.

2 Zwei Stoffquadrate mit 6 mm Nahtzugabe rechts auf rechts zusammennähen. Weitere Quadrate ebenso ansetzen, bis ein Patchworkstreifen aus sieben Quadraten entstanden ist. Alle Nahtzugaben in dieselbe Richtung bügeln.

3 Den Patchworkstreifen mit 6 mm Nahtzugabe an die Unterkante des Vorderteils nähen. Die Nahtzugabe zum Vorderteil bügeln. Falls nötig, die Seitenkanten des Patchworkstreifens begradigen.

4 Die Applikationen auf dem Vorderteil anordnen, dabei jeweils die Teile A, B und C zusammenhalten. Das Trägerpapier abziehen und die Teile aufbügeln. Alle Teile mit Nähgarn und überwendlichen Stichen aufnähen **(Abb. A, Seite 84)**.

Abb. A

Die Tasche nähen

❺ Die Vorderseite und die Rückseite der Tasche je auf ein Stück Volumenvlies heften.

❻ Den Stoff für das Reißverschlussende mit 6 mm Nahtzugabe auf das Ende des Reißverschlusses nähen, danach den Reißverschluss an der Stoffkante abschneiden.

❼ Das Endstück 6 mm nach links einschlagen und festnähen.

❽ Den Reißverschlussfuß einsetzen die Nadel in die linke Position stellen. Die Vorderseite der Tasche rechts auf rechts an ein Trägerband des Reißverschlusses nähen, die Rückseite ans andere **(Abb. B)**.

❾ Die rechte Seite eines Stücks Futterstoff auf die linke Seite des Reißverschlusses legen und festnähen. Dabei müssen Sie eventuell bei eingestochener Nadel den Nähfuß anheben und den Schlitten darunter hindurchschieben. Das andere Futterteil an die andere Seite des Reißverschlusses setzen. Jetzt ist der Reißverschluss zwischen Futter und Oberstoff gefasst.

❿ Die Tasche flach ausbreiten und Vorder- und Rückseite dicht an der Oberkante absteppen **(Abb. C)**.

⓫ Die Futterteile rechts auf rechts aufeinander legen und die Bodennaht mit 6 mm Nahtzugabe steppen. Die Bodennaht der äußeren Tasche ebenso schließen.

⓬ Die Tasche auf links drehen. Die Seitennähte rechts auf rechts legen und steppen **(Abb. D)**.

Einfassung

⓭ Ein Stück Schrägband mit Geradstich an eine Seitenkante des Futters steppen. Das Band um die Kante legen, sodass diese bedeckt ist, und nochmals mit Zickzackstich absteppen. Die andere Futter-Seitennaht ebenso einfassen. Die Tasche auf rechts wenden **(Abb. E)**.

⓮ Alle Kanten des Zugbandes 6 mm nach links umbügeln und feststeppen. Den Streifen durch den Schlitten des Reißverschlusses ziehen und festknoten.

Abb. B

Abb. C

Abb. D

Abb. E

Grafisch
MINIROCK

Ob zu Hause, bei der Arbeit oder in der Uni: Diesen Rock möchte man am liebsten gar nicht mehr ausziehen!

Aus der Restekiste

1 Stück Jersey in Blau (Oberstoff, 104 x 54 cm)

1 Stück Jersey in Türkis (Futter, 104 x 54 cm)

Rest Jersey in Weiß für die Applikation

1 Stück Jersey in Grün (9,5 x 76,5 cm), plus ein Rest für die Applikation

1 Stück Jersey in Blau für das Bündchen (7 x 81,5 cm)

1 Stück Jersey in Türkis für das Zugband (4 x 138 cm)

Baumwollperlgarn

Weitere Materialien

Grundausstattung zum Nähen und Applizieren (Seite 7)

Vorlagen (Seite 126)

140 cm Kordel zum Durchziehen

So geht's

1 Den Oberstoff rechts auf rechts längs zur Hälfte falten und die Längskante mit 1,5 cm Nahtzugabe zusammensteppen. Ebenso dieselbe Naht am Futterstoff schließen. An beiden Schläuchen die Nahtzugaben auseinander bügeln.

2 Das Futter in den Oberstoff schieben. Die rechte Seite des Futters zeigt zur linken Seite des Oberstoffs. Beide in 1,5 cm Abstand zur Oberkante zusammenheften.

3 Mit einem auswaschbaren Textilstift parallel zur Unterkante und im Abstand von 11 cm zu ihr eine Linie ziehen.

4 Den Rock flach hinlegen und die beiden Lagen an mehreren Stellen zusammenstecken. Die Unterkanten mit einer Reihe langer Vorstiche zusammenheften. Ebenso auf der angezeichneten Linie und 10 cm über dieser heften **(Abb. A, Seite 88)**.

Abb. A

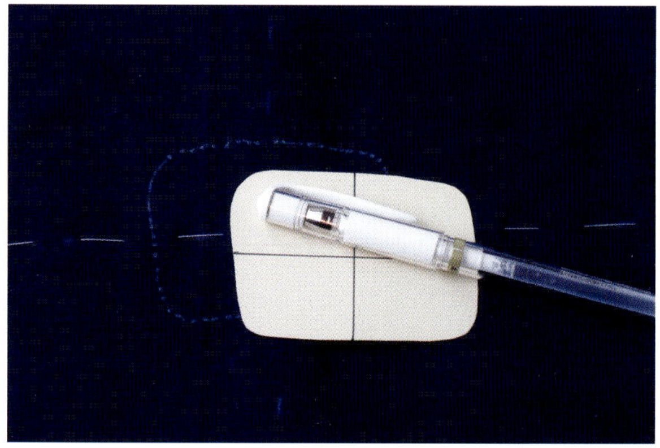

Abb. B

Abb. C

Abb. D

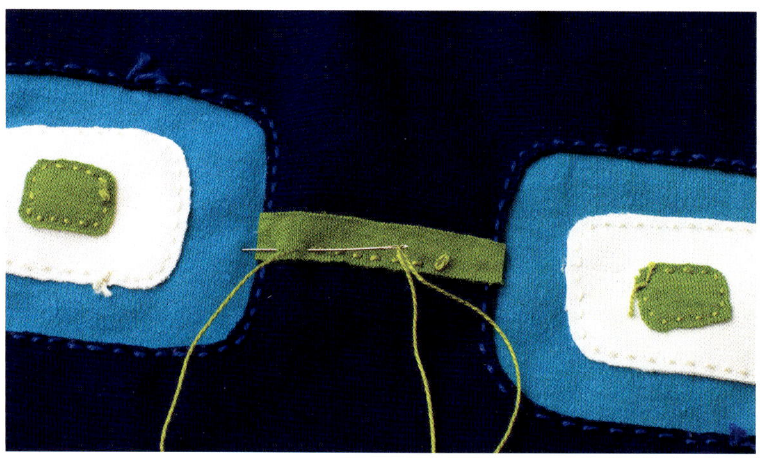

Abb. E

Applikation

5 Vorlage A ausschneiden und die Kontur auf der angezeichneten Linie mit einem auswaschbaren Textilstift achtmal in gleichmäßigen Abständen auf die angezeichnete Linie zeichnen **(Abb. B)**.

6 Beide Stofflagen knapp außerhalb der vorgezeichneten Motivkontur (A) mit einer Sticknadel mit Spitze und Baumwollperlgarn im Rückstich zusammennähen. Die obere Stofflage wegschneiden, sodass der Futterstoff sichtbar wird **(Abb. C)**.

7 Vorlage B achtmal auf weißen Stoff übertragen und die Teile ausschneiden.

8 Ein weißes Jerseyteil mit Sprühkleber auf dem freigelegten Futterstoff befestigen. Mit Rückstichen entlang der Kanten festnähen, die Knoten bleiben sichtbar **(Abb. D)**. Vorlage C achtmal auf den grünen Stoffrest übertragen. Die Formen ausschneiden. Ein grünes Teil C auf eine weiße Applikation nähen. Die übrigen Applikationen ebenso anbringen. Die Heftfäden entfernen.

9 Den Abstand zwischen zwei weißen Applikationen messen. Ein Stück grünen Jersey in dieser Länge zuschneiden und mit Sprühkleber so auf dem Außenstoff befestigen, dass die Applikationen verbunden werden. Mit Baumwollperlgarn im Rückstich aufnähen, die Knoten bleiben sichtbar. Die übrigen Applikationen ebenso verbinden **(Abb. E)**.

Abb. F

Fertigstellung

10 Den Stoff für das Bündchen der Länge nach doppelt legen. Die Schnittkanten an der Schmalseite mit 1,5 cm Nahtzugabe zusammennähen. An der Unterkante beginnen, 1,5 cm nähen, verriegeln, 2 cm offen lassen, wieder verriegeln und die letzten 1,5 cm nähen. Die Öffnung dient zum Durchziehen der Kordel.

11 Die Nahtzugaben auseinander bügeln und beiderseits der Öffnung feststeppen.

12 Eine Längskante des Bündchens rechts auf rechts an den Außenstoff stecken, die Öffnung liegt in der vorderen Mitte. Zuerst an beiden Seiten und in vordere und hintere Mitte stecken, dann die Kanten bei Bedarf etwas dehnen und die übrigen Kanten zusammenstecken. Das Bündchen mit 1,5 cm Nahtzugabe an den Rock nähen **(Abb. F)**.

13 Das Bündchen so in den Rock falten, dass seine Kante 1,5 cm unter der Taillennaht liegt. Die Kante nicht einschlagen. Das Bündchen von außen im Schatten der Naht feststeppen.

14 Den Saum des Oberstoffs 2,5 cm breit nach links einschlagen und mit Rückstichen festnähen. Die Knoten bleiben sichtbar. Den Saum des Futters 1,5 cm nach links einschlagen und ebenso festnähen.

15 Alle Heftfäden entfernen.

16 Den Stoff für das Zugband um die Kordel legen und ringsherum mit Baumwollperlgarn im Geradstich zunähen. An einem Ende des Bandes eine Sicherheitsnadel befestigen. Das Band damit in die vordere Öffnung einfädeln, durch das Bündchen ziehen und vorn wieder herauskommen.

Engelsflügel

T-SHIRT FÜR MÄDCHEN

An alle Engel: Eine neue Lieferung Flügel ist eingetroffen!

Aus der Restekiste

25 cm Stoff in Rosa

25 cm Stoff in Weiß

1 Stück Volumenvlies (25,5 x 25,5 cm)

Baumwollsticktwist in Hellrosa und Pink

Weitere Materialien

Grundausstattung zum Nähen und Applizieren (Seite 7)

Vorlagen (Seite 126)

50 cm Haftvlies

T-Shirt

So geht's

1 Vorlage A (großer Flügel) und B (kleiner Flügel) auf die Papierseite des Haftvlieses übertragen – jeden einmal richtig herum und einmal spiegelverkehrt.

2 Die großen Flügelformen auf die Rückseite des rosafarbenen Stoffs bügeln, die kleinen auf die Rückseite des weißen Stoffs. Die Formen ausschneiden.

3 Das Trägerpapier abziehen und die rosafarbenen Flügel auf das T-Shirt bügeln. Danach die weißen Flügel auf das Volumenvlies bügeln und erneut ausschneiden.

Abb. A

Abb. B

4 Die rosafarbenen Flügel mit Baumwollsticktwist in Pink im Langettenstich aufnähen **(Abb. A)**.

5 Die weißen Flügel mit Sprühkleber auf den rosafarbenen befestigen und mit hellrosa Baumwollsticktwist im Langettenstich aufsticken **(Abb. B)**.

Variation!

Nachdem das Kindershirt fertig ist, können Sie die Vorlagen vergrößern und für ein T-Shirt in Erwachsenengröße verwenden – Mama und Kind im Engel-Look!

530
HOME

Traumhaus
STOFFBILD

So ein Bild, nach einem Foto gestaltet, ist auch ein schönes Geschenk zur Einweihung.

Aus der Restekiste

1 Stück Nessel (30,5 x 30,5 cm)

verschiedene Stoffreste

Baumwollsticktwist in passenden Farben

Weitere Materialien

Grundausstattung zum Nähen und Applizieren (Seite 7)

Farbausdruck eines Fotos des Hauses (12,5 x 18 cm)

Stickrahmen aus Holz (20 cm Durchmesser)

So geht's

1 Schneiden Sie das Haus aus dem Bild aus. Hintergrund und Nebenmotive werden nicht benötigt.

2 Den Umriss des Stickrahmens mit auswaschbarem Textilstift auf dem Nessel anzeichnen, um den Bereich für die Applikation zu markieren.

3 Das ausgeschnittene Haus auf die rechte Seite des Stoffrests legen, den Sie als Hauptstoff ausgesucht haben. Die Form nachzeichnen und ausschneiden. Alle anderen Teile werden auf diesen Hauptstoff appliziert **(Abb. A, Seite 96)**.

4 Ein Detail des Hauses aus dem Ausdruck ausschneiden und auf die rechte Seite eines anderen Stoffrests legen. Die Form ausschneiden **(Abb. B, Seite 96)**.

Abb. A

Abb. B

Abb. C

Abb. D

5 Weitere Elemente wie Schornstein, Fenster und Türen aus dem Ausdruck ausschneiden, dann die Umrisse auf Stoffreste übertragen und ausschneiden.

6 Alle Teile mit Sprühkleber auf dem Haus aus Hauptstoff befestigen und anschließend aufnähen. Das Gitter im Fenster der Tür wurde hier mit weißem Garn mit der Nähmaschine gesteppt **(Abb. C)**.

7 Aus weiteren Stoffresten Bäume, Sträucher und andere Details ausschneiden, mit Sprühkleber fixieren und aufnähen.

Fertigstellung

8 Sticken Sie die Hausnummer mit Baumwollsticktwist auf. Blumen im Garten können durch Knötchenstiche angedeutet werden **(Abb. D)**.

9 Das fertige Bild in den Stickrahmen einspannen und den überstehenden Nessel dicht am Holzrahmen abschneiden. Damit die Schnittkante nicht ausfranst, sollten Sie etwas Fransenstopp auftragen.

Flatterhaft
TRENCHCOAT

Ein schlichter Trench wirkt mit bunten Schmetterlingen auf dem Revers viel fröhlicher. Ganz perfekt wird es, wenn Sie die Knöpfe mit passendem Stoff beziehen.

Aus der Restekiste

Stoffrest in Violett mit Schmetterlingsmotiven

Stoffrest in Rosa mit Schmetterlingsmotiven (oder anderen)

einfarbiger Stoffrest in Violett

Baumwollsticktwist

Baumwollperlgarn

Weitere Materialien

Grundausstattung zum Nähen und Applizieren (Seite 7)

Haftvlies, passend für die Motive

Trenchcoat

So geht's

1 Bügeln Sie Haftvlies auf die Rückseite der bedruckten Stoffe. Dann die Schmetterlinge ausschneiden **(Abb. A)**.

2 Das Trägerpapier abziehen und die Motive auf Revers und Kragen des Mantels feststecken. Die Anordnung bestimmen Sie selbst. Setzen Sie als Farbakzent einen Schmetterling in Rosa dazwischen **(Abb. B)**.

3 Die Schmetterlinge aufbügeln, dabei die Stecknadeln entfernen.

4 Die Schmetterlinge mit Baumwollsticktwist aufsticken. Mit überwendlichen Stichen geht es zügig.

5 Mit Baumwollperlgarn in einer Kontrastfarbe die Ränder von Revers und Kragen mit großen Vorstichen nachsticken. Dünnes Perlgarn doppelt nehmen **(Abb. C)**.

Abb. A

Abb. B

Abb. C

Abb. D

Die Knöpfe beziehen

6 Alle Knöpfe abtrennen. Aus einfarbigem Stoff Kreise ausschneiden, deren Durchmesser doppelt so groß ist wie der Durchmesser der Knöpfe.

7 Dicht am Rand des Stoffkreises mit stabilem Garn eine Reihe Vorstiche nähen. Den Stoffrand mit dem Faden etwas zusammenziehen **(Abb. D)**.

8 Einen Knopf in die Mitte des gekräuselten Stoffkreises legen, Rand fest zusammenziehen und mit mehreren kreuz und quer verlaufenden Stichen gut fixieren.

9 Die Knöpfe mit doppeltem Baumwollperlgarn in einer Kontrastfarbe wieder an den Mantel nähen.

Mama & Tochter SCHÜRZEN

Diese entzückenden Schürzen behält man gern an, wenn die Plätzchen längst gebacken und die Küche wieder aufgeräumt ist.

Aus der Restekiste (Erwachsenen-Größe)

1 Stück dunkler Stoff (15,5 x 25,5 cm)

1 Stück Stoff für die Tasche (48,5 x 19 cm)

1 Stück Stoff für das Hauptteil (48,5 x 36 cm)

2 Stücke Stoff in Cremeweiß für die Bänder (je 6,5 x 91,54 cm)

1 Stück Stoff in Cremeweiß für das Bündchen (10,5 x 37 cm)

1 Stück Akzentstoff, im schrägen Fadenlauf geschnitten (4 x 89 cm)

Weitere Materialien

Grundausstattung zum Nähen und Applizieren (Seite 7)

Vorlagen (Seite 121)

1 Stück Haftvlies (15,5 x 25,5 cm)

51 cm Schrägband, vorgefalzt

127 cm extrabreites Schrägband, vorgefalzt

1 Stück leichte Bügeleinlage (5,5 x 37 cm)

Aus der Restekiste (Kindergröße)

1 Stück dunkler Stoff (13 x 13 cm)

1 Stück Stoff für die Tasche (37 x 14 cm)

1 Stück Stoff für das Hauptteil (37 x 25,5 cm)

2 Stücke Stoff in Cremeweiß für die Bänder (je 6 x 76,5 cm)

1 Stück Stoff in Cremeweiß für das Bündchen (9 x 30 cm)

1 Stück Akzentstoff, im schrägen Fadenlauf geschnitten (2,5 x 61 cm)

Weitere Materialien

Grundausstattung zum Nähen und Applizieren (Seite 7)

Vorlagen (Seite 121)

1 Stück Haftvlies (13 x 13 cm)

37 cm Schrägband, vorgefalzt

89 cm extrabreites Schrägband, vorgefalzt

1 Stück leichte Bügeleinlage (4,5 x 30 cm)

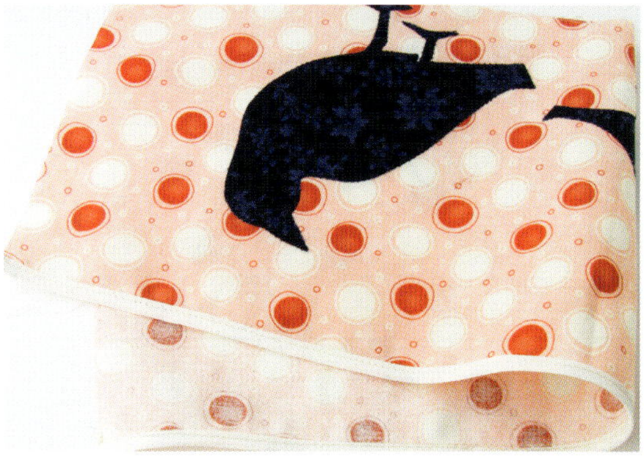

Abb. A

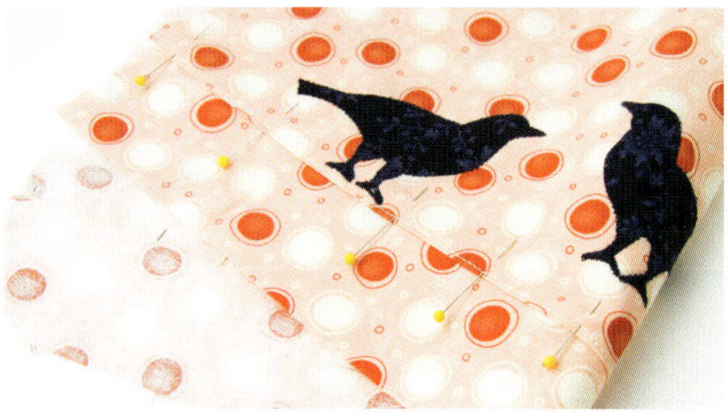

Abb. B

Abb. C

So geht's (Große Schürze)

1 Vorlage A und B ausschneiden und auf die Papierseite des Haftvlieses übertragen. Vorlage B kopfüber drehen und den Vogel seitenverkehrt nachzeichnen.

2 Das Haftvlies mit den aufgezeichneten Konturen auf die linke Seite des dunklen Stoffs bügeln und die drei Vögel ausschneiden. Verschnitt mit Haftvlies auf der Rückseite beiseitelegen. Das Trägerpapier abziehen und die Vögel auf die Tasche bügeln.

3 Die Konturen der Vögel mit einem weiten Zickzackstich aufsteppen.

Die Schürze nähen

4 Die Oberkante der Tasche mit dem schmaleren Schrägband einfassen. Das Band rechts auf rechts an die Außenseite steppen, dann über die Taschenkante nach innen falten und nochmals von der Außenseite steppen, um es zu befestigen **(Abb. A)**.

5 Die Unterkante der Tasche 1,5 cm nach links umbügeln.

6 Die Tasche auf das Hauptteil stecken. Die Seitenkanten liegen aufeinander, die Unterkante der Tasche liegt 5 cm über der Unterkante des Hauptteils. Die umgebügelte Unterkante der Tasche aufsteppen, dann die Seitenkanten zusammenheften **(Abb. B)**.

7 Die Schürze der Breite nach zur Hälfte falten und einen Mittelkniff einbügeln. Auf dem Kniff von oben nach unten steppen, sodass die Tasche in zwei Hälften geteilt wird. Steppen Sie aber nicht über die Applikationen. Anfang und Ende der Naht mit einigen Rückstichen verriegeln.

8 Die Seiten der Schürze mit dem extrabreiten Schrägband einfassen. Wie es gemacht wird, können Sie auf Seite 12– 13 nachlesen **(Abb. C)**.

Abb. D

Das Bündchen nähen

9 In die Oberkante der Schürze Stecknadeln stecken: je eine in 9 cm Abstand von den Seitenkanten und je eine in 16,5 cm Abstand zu den Seitenkanten. An diesen Stellen Fältchen mit 2 cm Tiefe einlegen, die zur Mitte gerichtet sind. Die Oberkante heften, um die Falten provisorisch zu fixieren. Die Nadeln entfernen **(Abb. D)**.

10 Die Längsseiten und eine Schmalseite eines Stoffstreifens für ein Bindeband 6 mm breit nach links bügeln, dann diese nochmals 6 mm nach links bügeln. In einem Zug knappkantig feststeppen. Eine Schmalseite bleibt ungesäumt. Das zweite Band ebenso nähen.

11 Die Bügeleinlage an der Oberkante des Bündchens anlegen und aufbügeln. Die unversteifte Kante 1,5 cm nach links umbügeln.

12 Die Bänder rechts auf rechts ans Bündchen stecken. Die unversäuberten Schmalseiten der Teile liegen dabei aufeinander, die Unterkante der Bänder liegt auf dem eingebügelten Kniff im Bündchen. Das Bündchen auf dieser Linie umfalten, die Bänder liegen nun zwischen den Stofflagen. Die Schmalseiten mit 1,5 mm Nahtzugabe zusammensteppen **(Abb. E)**.

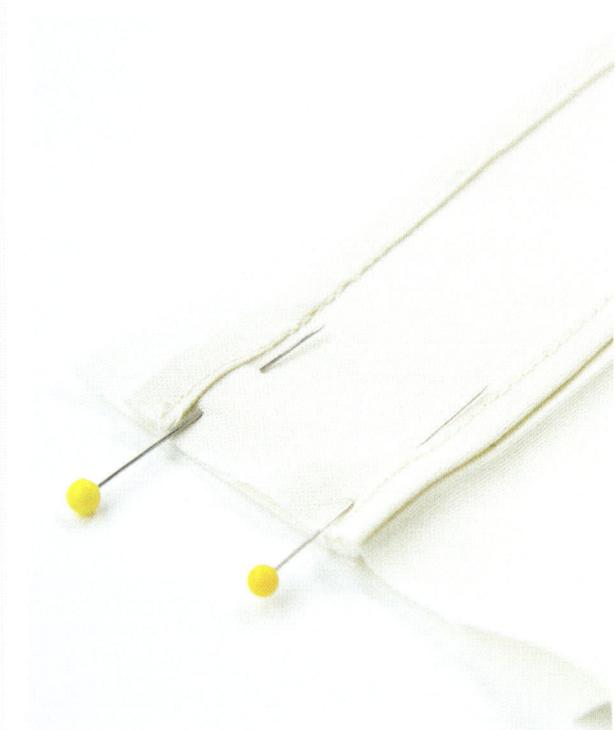

Abb. E

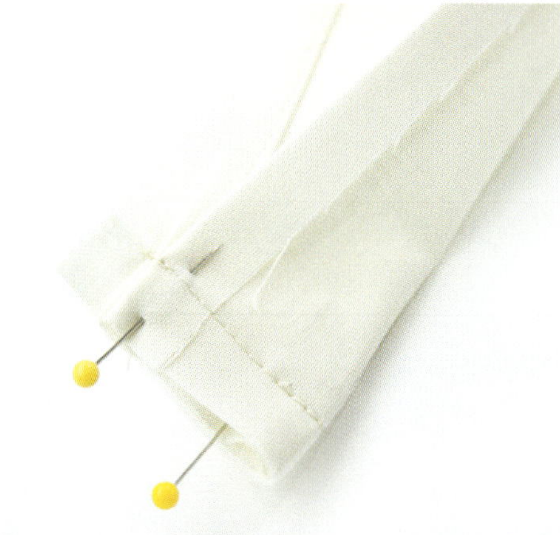

Abb. F

Abb. G

Abb. H

Abb. I

⑬ Die Nahtzugaben an den Ecken schräg abschneiden, dann das Bündchen auf rechts wenden **(Abb. F–G)**.

⑭ Das Bündchen rechts auf rechts an die Oberkante der Schürze stecken und feststeppen, dabei aber nicht durch den hochgefalteten Teil des Bündchens nähen **(Abb. H)**.

⑮ Das Bündchen zur linken Seite der Schürze legen und die Innenseite des Bündchens an der linken Seite der Schürze feststecken. Ober- und Unterkante des Bündchens absteppen **(Abb. I)**.

Fertigstellung

⑯ Entlang der Mitte des Akzentstoffs eine Reihe langer Geradstiche nähen. An den Fäden ziehen, um den Stoff zu kräuseln. Die Rüsche dicht über der Unterkante auf die Schürze stecken. Beide Schmalseiten einschlagen, dann die Rüsche entlang der Kräuselnaht aufsteppen.

⑰ Aus dem in Schritt 2 beiseitegelegten dunklen Stoff mit Haftvlies drei Kreise ausschneiden (Durchmesser 2,5 cm, 2,2 cm und 2 cm).

⑱ Das Trägerpapier abziehen, die Kreise auf das Bündchen bügeln und mit einem weiten Zickzackstich aufsteppen.

So geht's (Kinderschürze)

1 Gehen Sie vor wie in Schritt 1–16 beschrieben. Verwenden Sie die Maße und Nahtzugaben, die für die große Schürze angegeben sind. Schneiden Sie aber nur einen kleinen Vogel (Vorlage B) zu.

2 Aus dem in Schritt 2 beiseitegelegten dunklen Stoff mit Haftvlies drei Kreise ausschneiden (Durchmesser 1,9 cm, 1,6 cm und 1,3 cm).

3 Das Trägerpapier abziehen, die Kreise auf das Bündchen bügeln und mit einem weiten Zickzackstich aufsteppen.

Variation!

Schrägstreifen können Sie auch aus einem hübsch gemusterten Stoff selbst machen (siehe Seite 12).

Schräge Vögel

KINDERKUNST

Machen Sie aus den Meisterwerken Ihres Kindes originelle Bilder aus Stoff.

Aus der Restekiste

Stoffreste in abgestimmten Farben

3 Stücke weißes Leinen (je 25,5 x 25,5 cm)

3 Stücke Volumenvlies (je 25,5 x 25,5 cm)

Baumwollsticktwist in zwei abgestimmten Farben

Weitere Materialien

Grundausstattung zum Nähen und Applizieren (Seite 7)

Farbkopien von drei witzigen Kinderzeichnungen

dünner Permanentmarker in Schwarz

25 cm Haftvlies

Malerkrepp

3 Keilrahmen mit Leinwand (15,5 x 15,5 cm)

Tacker

Bilderhaken

Vorbereitung

Für dieses Projekt habe ich Zeichnungen meines kleinen Sohns verwendet. Ihr Kind malt natürlich andere Bilder – das wirkt sich auf die Auswahl der Stoffe und die individuelle Gestaltung der Applikationen aus. Darum wird hier nur das Grundprinzip erklärt, das Sie entsprechend Ihrer Bildvorlagen abwandeln können.

So geht's

1 Die Konturen auf der Farbkopie mit dem Permanentmarker nachzeichnen **(Abb. A, Seite 108)**.

2 Haftvlies auf die Kopie legen, die Papierseite zeigt nach oben. Die Konturen der Teile, die appliziert werden sollen, durchpausen. Ich hatte für Gesicht, innere Augen und Tupfen auf dem Körper Grün ausgesucht, darum habe ich diese Elemente als Gruppe durchgepaust. Die restlichen Teile in der zweiten Farbe bilden die zweite Gruppe.

3 Das Haftvlies auf die Rückseiten der Stoffreste bügeln und die Formen ausschneiden **(Abb. B, Seite 108)**. Bei diesem Projekt habe ich die blassere Rückseite des grünen Stoffs als Vorderseite verwendet.

Abb. A

Abb. B

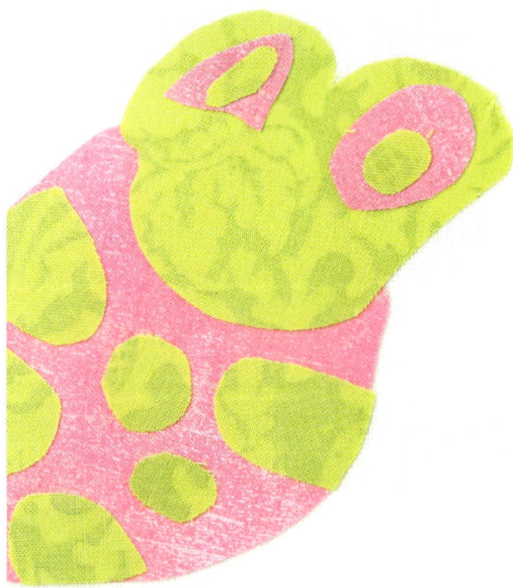

Abb. C

Abb. D

Abb. E

Abb. F

4 Auf dem weißen Leinen mit auswaschbarem Textilstift ein Quadrat (15,5 x 15,5 cm oder in der Größe Ihres Keilrahmens) anzeichnen.

Applikation

5 Die ausgeschnittenen Teile entsprechend der Bildvorlage mittig in dem angezeichneten Quadrat aufbügeln **(Abb. C)**.

6 Alle Teile von Hand mit Vorstichen entlang der Konturen aufnähen. Verwenden Sie dazu eine Sticknadel und doppelt gelegtes schwarzes Nähgarn **(Abb. D)**. Weitere Details mit Vorstichen und Baumwollsticktwist in passenden Farben aufsticken **(Abb. E)**.

7 Den weißen Stoff mit Sprühkleber auf einem Stück Volumenvlies befestigen. In 3 mm Abstand zur vorgezeichneten Rahmenlinie mit weißem Garn im Vorstich zusammennähen.

8 Die Beine mit Baumwollsticktwist in zwei Farben aufsticken. Um die Beine herum eine Reihe Vorstiche mit weißem Garn sticken **(Abb. F)**.

9 Das Bild mit Malerkrepp auf den Keilrahmen kleben und mit dem Tacker sicher befestigen. Das Klebeband entfernen.

10 Zwei weitere Kinderbilder ebenso in Applikationen umwandeln und die drei Bilder als Gruppe an die Wand hängen.

Variation!

Sie können das Kinderbild auch auf ein T-Shirt applizieren – ein herrliches Geschenk für modemutige Großeltern!

Bitte einpacken

EINKAUFSTASCHE

Die trendige Tragehilfe ist groß genug für den alltäglichen Einkauf.

Aus der Restekiste

60 cm Leinen

50 cm Stoff für das Futter

1 Stück Stoff für die Innentasche (18 x 18 cm)

1 Stück Stoff für die Bandschlaufen (5 x 25,5 cm)

1 Stück Stoff für das Band (6 x 122 cm)

1 Stück Stoff für den Henkel (10,5 x 79 cm)

Stoffreste in verschiedenen Farben

Weitere Materialien

Grundausstattung zum Nähen und Applizieren (Seite 7)

Vorlagen (Seite 118–119)

Freezer Paper

Klebestift

50 cm leichte Bügeleinlage

1 Stück mittelfeste Bügeleinlage für den Henkel (5 x 79 cm)

So geht's

1 Vorlagen A, B, C, D, E und F ausschneiden und auf die matte Seite des Freezer Papers übertragen:
A—einmal übertragen
B—zweimal übertragen, davon einmal seitenverkehrt
C— zweimal übertragen, davon einmal seitenverkehrt
D— zweimal übertragen, davon einmal seitenverkehrt
E—einmal übertragen
F—einmal übertragen

2 Die Formen ausschneiden, mit der glänzenden Papierseite auf die linke Seite des Stoffs legen und aufbügeln. Die Formen aus Stoff ausschneiden, dabei rings um die Papierformen 6 mm zum Einschlagen zugeben.

3 Klebstoff auf die Außenkanten des Freezer Papers und die vorstehenden Stoffkanten geben. Nun die Stoffkanten um das Papier herum einschlagen, dabei an der Spitze der Form beginnen. Die Nahtzugaben an den Rundungen einschneiden und nach Bedarf mehr Kleber auftragen. Alle Applikationsteile werden so vorbereitet **(Abb. A, Seite 112)**.

4 Vorlage G ausschneiden und zweimal auf das Leinen übertragen. Die Formen ausschneiden. Ebenso Teil G aus Futterstoff und mittelfester Bügeleinlage zuschneiden. Die folgenden Markierungen von der Vorlage übertragen:

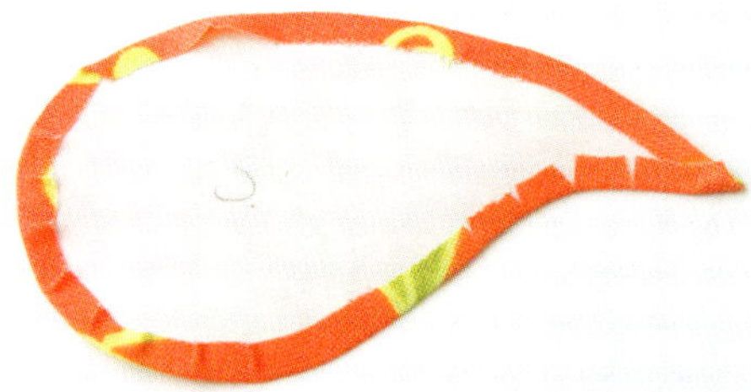
Abb. A

Abb. B

Vorderteil Leinen – Positionen der Bandschlaufen auf der rechten Seite anzeichnen.

Vorderteil Futter– Positionen der Fältchen auf der linken Seite anzeichnen.

Rückseite Leinen – Positionen der Bandschlaufen auf der rechten Seite anzeichnen.

Rückseite Futter – Position der Innentasche auf der rechten Seite anzeichnen, Positionen der Fältchen auf der linken Seite.

Einlage Vorder- und Rückseite – Positionen der Fältchen auf der unbeschichteten Seite anzeichnen.

5 Am Vorderteil aus Leinen die senkrechte Mittellinie einbügeln. Die Unterkante 1,5 cm über den eckigen Ausschnitten nach links umbügeln. Auf Höhe der Bandschlaufen eine Linie einbügeln (alle Applikationen müssen darunter liegen). Die Applikationen auf den Stoff stecken und mit Blindstich aufnähen. Verwenden Sie dazu eine Nähnadel und Nähgarn in einer passenden Farbe **(Abb. B)**.

6 Hinter jeder Applikation das Leinen einschneiden und das Freezer Paper herausziehen.

Die Tasche nähen

7 Die Oberkanten der Einlage um 6 mm zurückschneiden. Die Einlage auf die linke Seite der Taschenvorder- und Rückseite (Leinen) bügeln.

8 Anhand der Markierungen auf der Einlage die Falten einlegen, stecken und 6 mm neben der Bruchlinie nur von der oberen Punktmarkierung auf der Einlage bis zur unteren einsteppen. Die Nahtenden mit einigen Rückstichen verriegeln. Alle vier Falten auf der Vorderseite – zwei links und zwei rechts – so einsteppen und danach zur Mitte bügeln. Die vier Falten auf der Rückseite ebenso einsteppen **(Abb. C)**.

9 Vorder- und Rückseite aus Leinen rechts auf rechts aufeinander stecken. Seiten und Unterkante mit 1,5 cm Nahtzugabe steppen, jedoch nicht die eckigen Ausschnitte an der Unterkante **(Abb. D)**.

10 Die Nahtzugaben von Seitennähten und Bodennaht auseinander bügeln. Das Bügeln der Bodennaht ist knifflig, aber notwendig.

11 Die Ausschnitte flach aufeinander legen, sodass sie Ecken ergeben, und mit 1,5 cm Nahtzugabe zusammennähen **(Abb. E)**.

Abb. C

Abb. D

Abb. E

Futter und Innentasche nähen

12 Die Oberkante der Innentasche 6 mm nach links umbügeln, dann 2 cm breit in Gegenrichtung falten. Die Seiten des Saums mit 1,5 cm Nahtzugabe zusammennähen **(Abb. F)**.

13 Den Saum wenden. Dadurch legen sich die Seitenkanten 1,5 cm weit nach links. Die Unterkante 1,5 cm nach links umbügeln. Den oberen Saum feststeppen **(Abb. G)**.

14 Die Tasche entsprechend der angezeichneten Markierung auf das Futter stecken und feststeppen.

15 Die Fältchen an Vorder- und Rückseite des Futters wie in Schritt 8 einlegen, aber nach außen bügeln, damit nicht zu viele Stofflagen aufeinander liegen.

16 Die Futterteile rechts auf rechts aufeinander stecken. Seiten- und Bodennähte mit 1,5 cm Nahtzugabe zusammennähen, aber dabei eine 10 cm lange Öffnung zum Wenden lassen. Die Nahtenden mit Rückstichen verriegeln. Die Ausschnitte an der Unterkante werden nicht zusammengenäht. Die Nähte auseinander bügeln **(Abb. H)**.

17 Die Ausschnitte flach aufeinander legen, sodass sich Ecken bilden. Diese mit 1,5 cm Nahtzugabe zusammennähen.

Abb. F

Abb. G

Abb. H

Abb. I

Zusammensetzen

18 Die Leinentasche rechts auf rechts in die Futtertasche schieben. Die Oberkanten exakt aufeinander stecken und ringsherum mit 1,5 cm Nahtzugabe zusammennähen **(Abb. I)**.

19 Die Tasche durch die Öffnung im Futter auf rechts wenden.

20 Die Nahtzugaben an der Öffnung nach innen einschlagen, dann die Öffnung mit der Nähmaschine zusteppen. Das Futter in die Tasche schieben.

21 Die Oberkante der Tasche bügeln und in 6 mm Abstand zur Kante ringsherum absteppen **(Abb. J)**.

Abb. J

Fertigstellung

22 Den Stoff für die Bandschlaufen rechts auf rechts längs zur Hälfte falten. Die Längsseite und mit 6 mm Nahtzugabe zusammennähen, dann den Schlauch mit einer Sicherheitsnadel auf rechts wenden. Den Schlauch bügeln und in vier Stücke von 6,5 cm Länge schneiden **(Abb. K)**.

23 Beide Enden einer Bandschlaufe einschlagen. Die Schlaufe an den Markierungen am Taschenvorderteil anlegen und feststecken. Beide Enden knappkantig auf die Tasche steppen, die Nahtenden mit Rückstichen verriegeln. Die übrigen Bandschlaufen ebenso aufnähen **(Abb. L)**.

24 Den Stoff für das Band rechts auf rechts längs zur Hälfte falten und die Längskanten mit 1,5 mm Nahtzugabe zusammennähen. Mit einer Sicherheitsnadel auf rechts wenden und bügeln. Die Enden nach innen einschlagen und mit überwendlichen Stichen zusammennähen. Das Band durch die Schlaufen ziehen und eine Schleife binden.

25 Die Einlage für den Henkel mittig auf die Rückseite des Henkelstoffs bügeln. Den Streifen rechts auf rechts längs zur Hälfte falten und die offenen Kanten mit 1,5 cm Nahtzugabe zusammennähen. In der Mitte eine 10 cm lange Öffnung zum Wenden lassen. Die Nahtzugaben an den Ecken schräg abschneiden, den Henkel auf rechts wenden und bügeln. Die Nahtzugaben an der Öffnung nach links einschlagen und von Hand mit überwendlichen Stichen zusammennähen.

26 Die Henkelenden an die Seiten der Tasche stecken und sorgfältig festnähen.

Abb. K

Abb. L

Vorlagen

Für unterwegs
Kreuz und Kreis, Seite 47

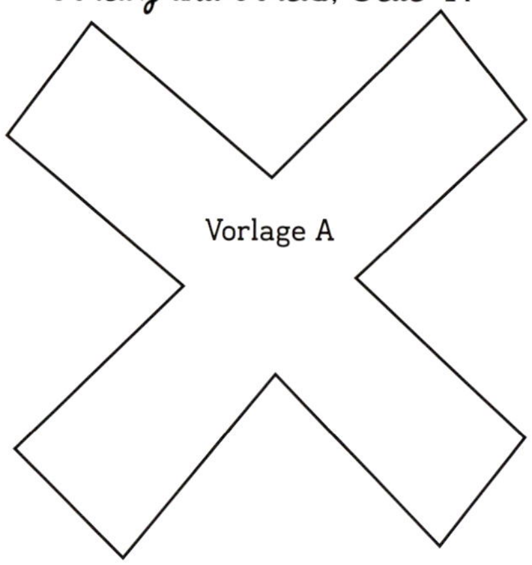

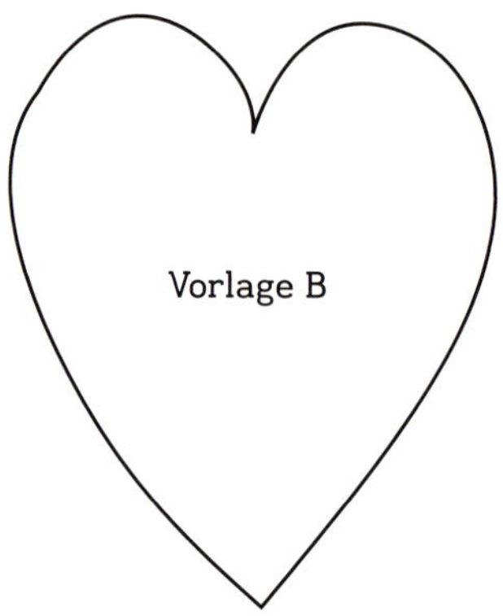

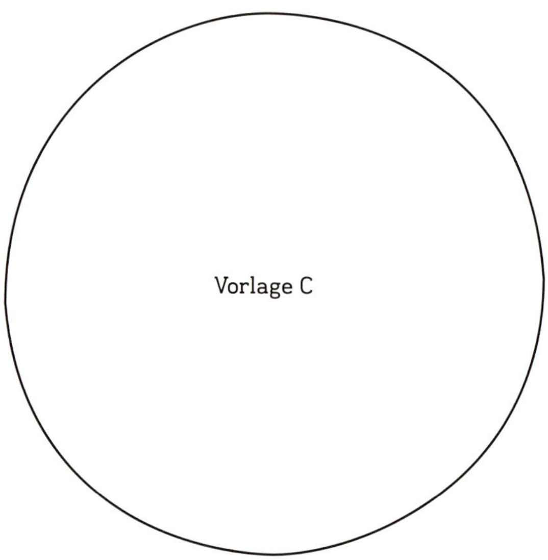

Träum schön Zahnkissen, Seite 64

(Auf 200% vergrößern)

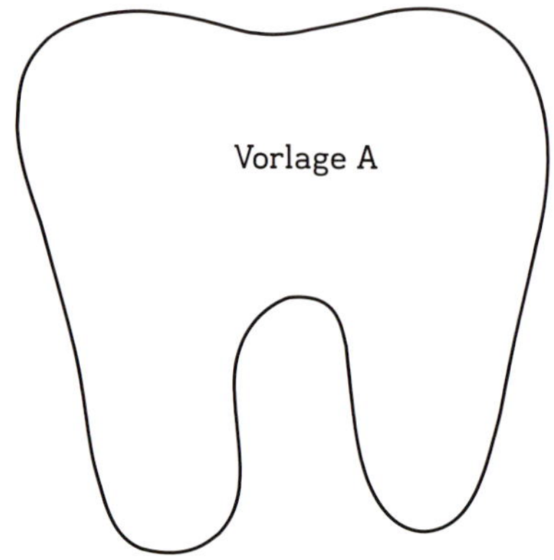

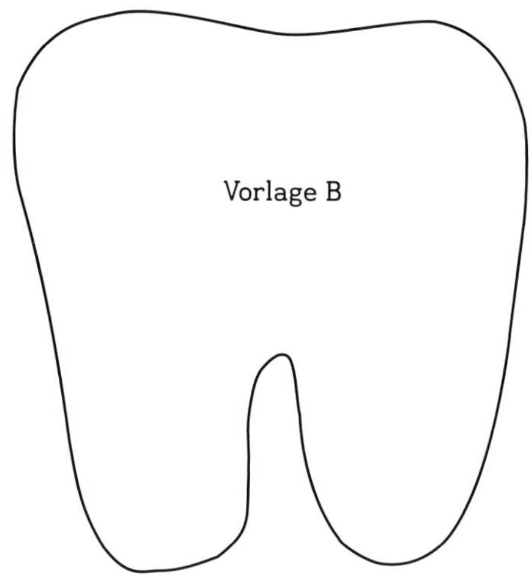

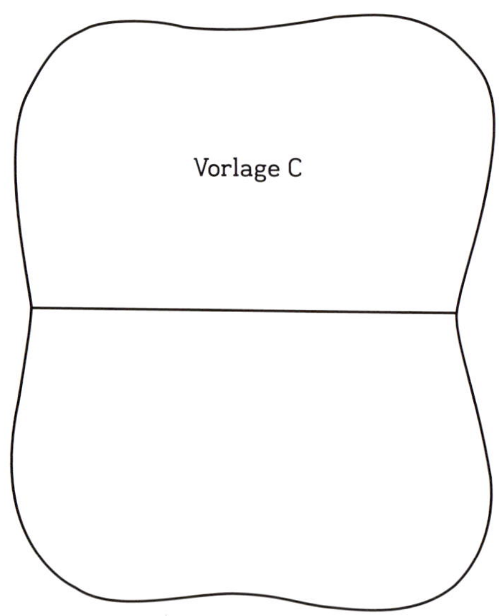

Shabby Charme
Kissen-Häuser, Seite 18

(Auf 220% vergrößern)

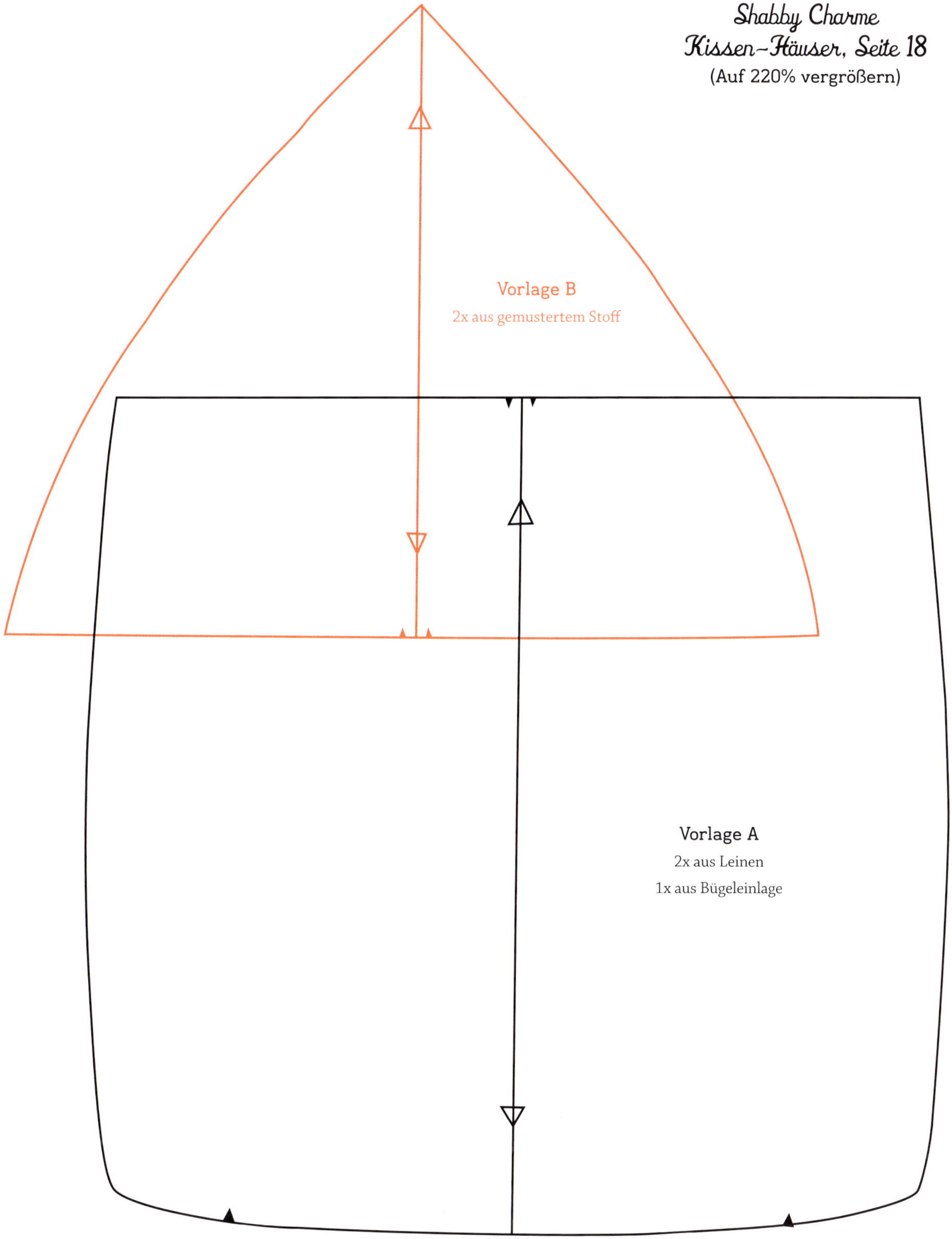

Dream Big! Wanddeko, Seite 56

(Auf 210% vergrößern)

Bitte einpacken Einkaufstasche, Seite 110

(Auf 230% vergrößern)

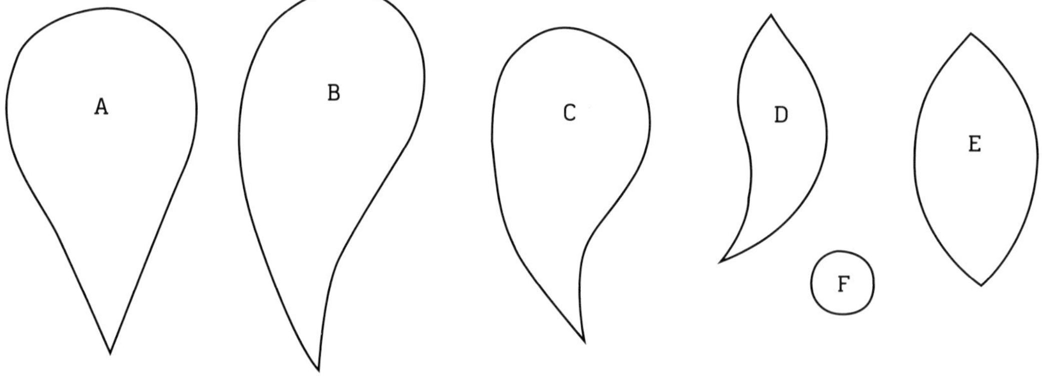

Bitte einpacken Einkaufstasche, Seite 110

(Auf 230% vergrößern)

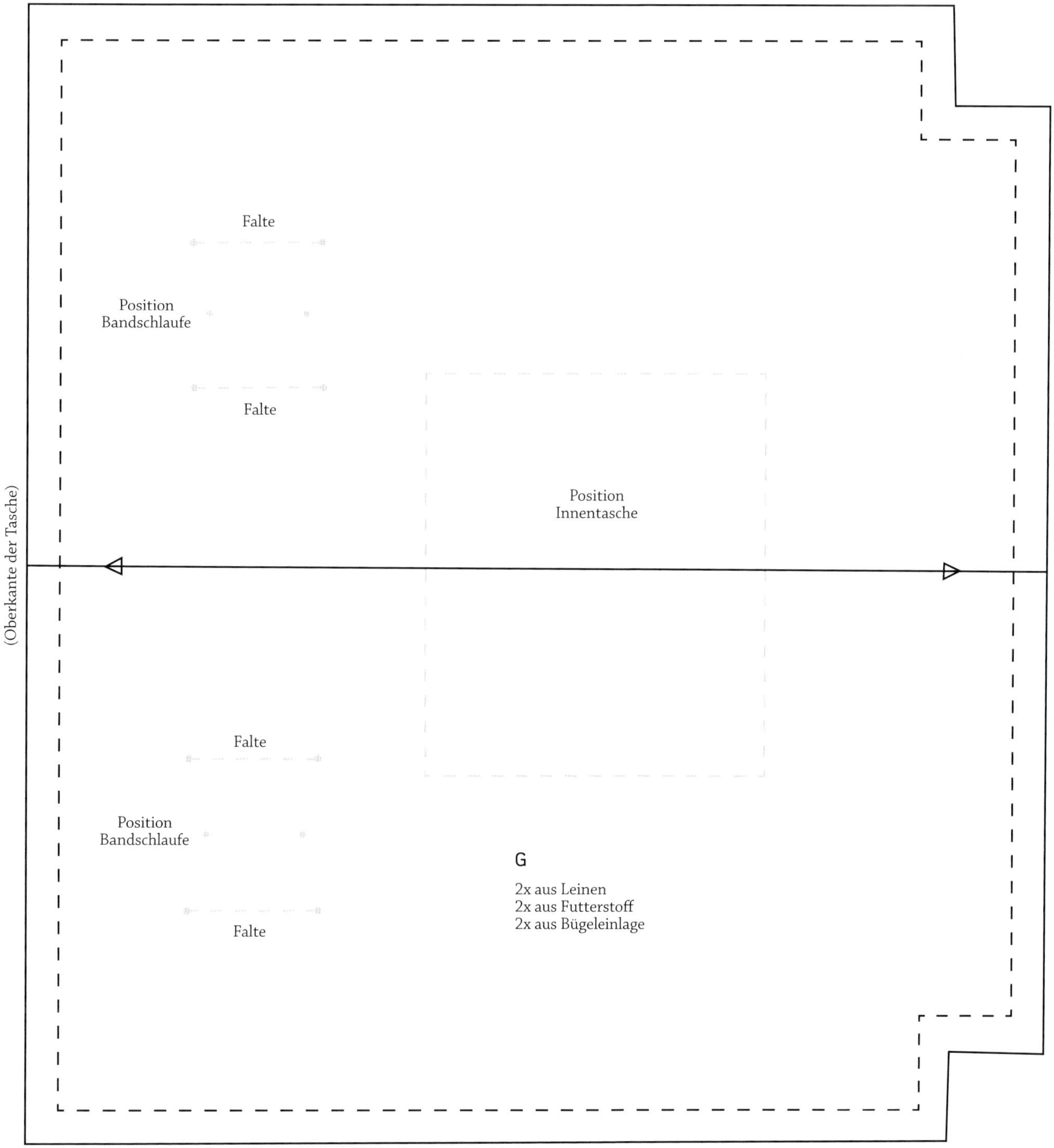

Flower Power Anhänger, Seite 37

Aufgeräumt! Vorratsgläser, Seite 40

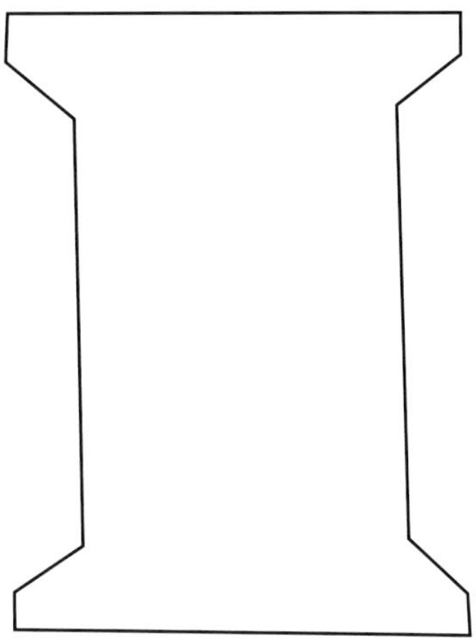

Blumige Stoffschuhe, Seite 23

Zeitlos pfiffig Armbanduhr, Seite 60

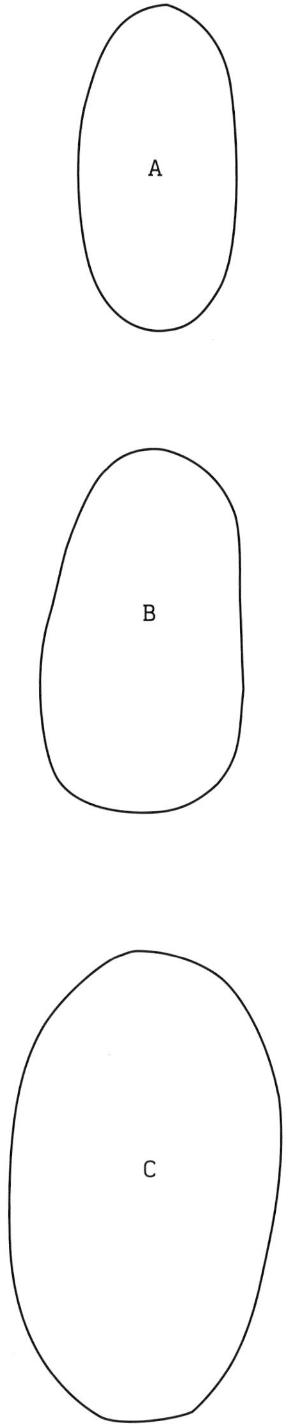

Zierliche Paisley-Brosche, Seite 44

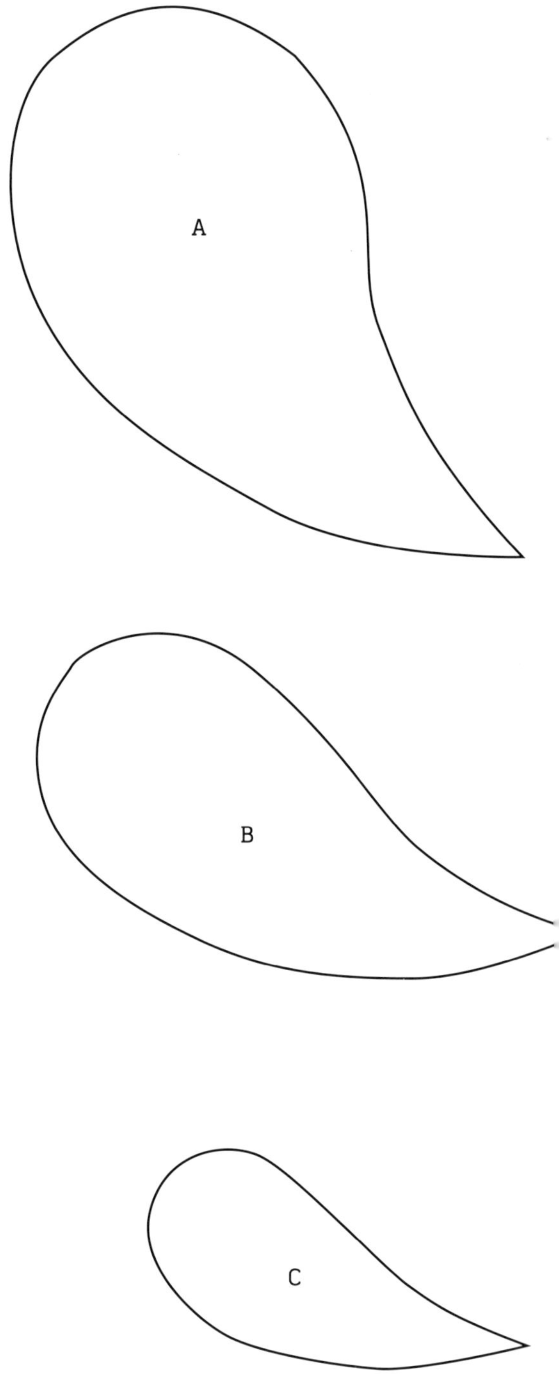

Mama & Tochter Schürzen, Seite 100

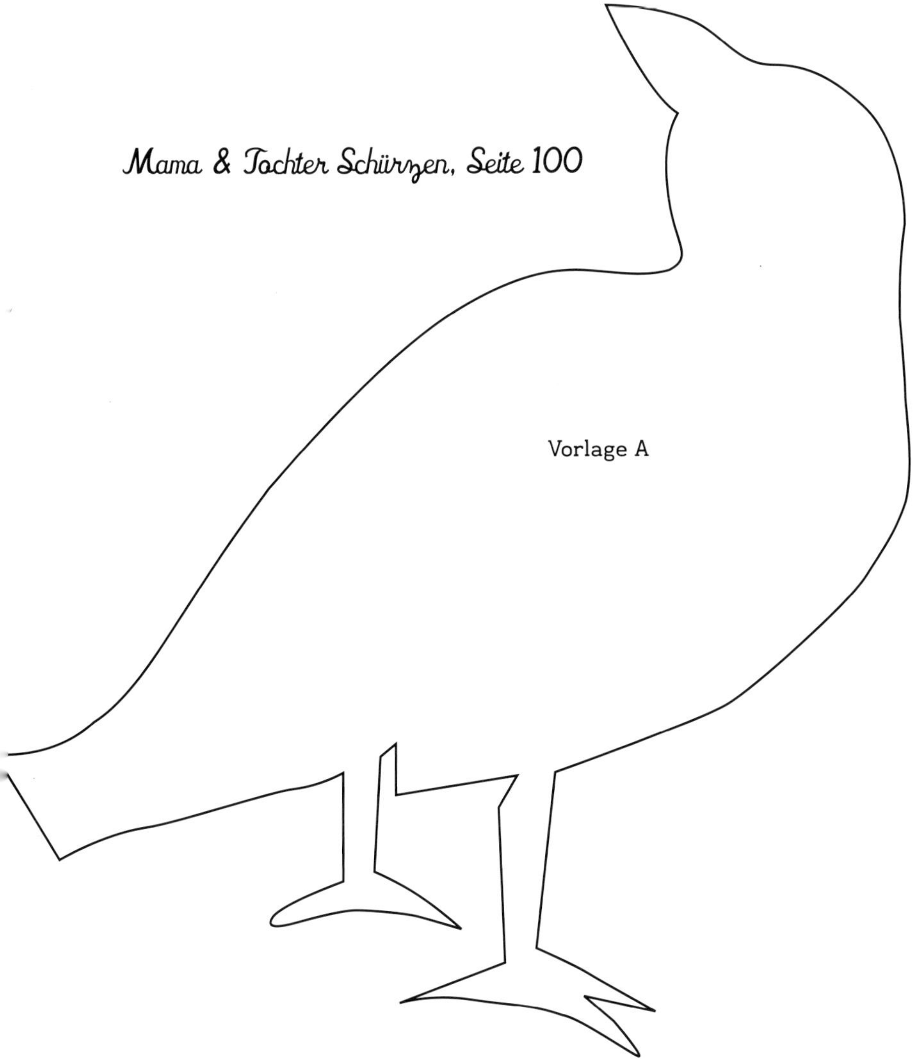

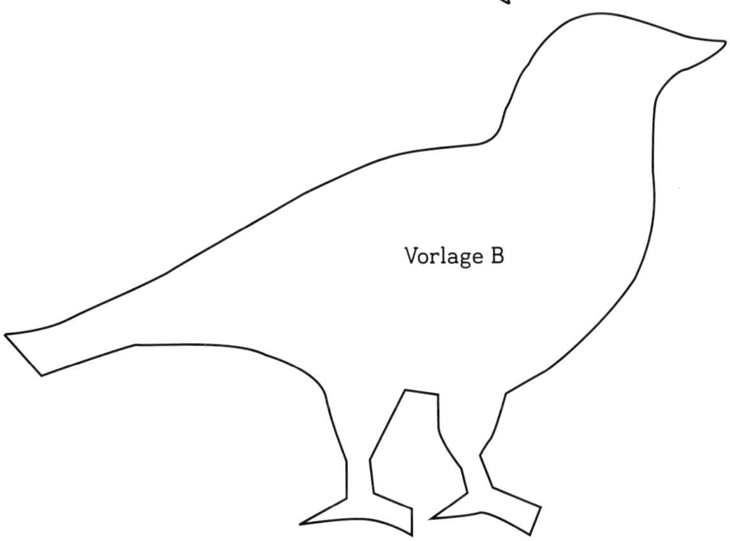

Bunte Reste Untersetzer, Seite 14

(Auf 200% vergrößern)

Vorlage A

Vorlage B

Ahoi! Set fürs Baby, Seite 52

(Auf 200% vergrößern)

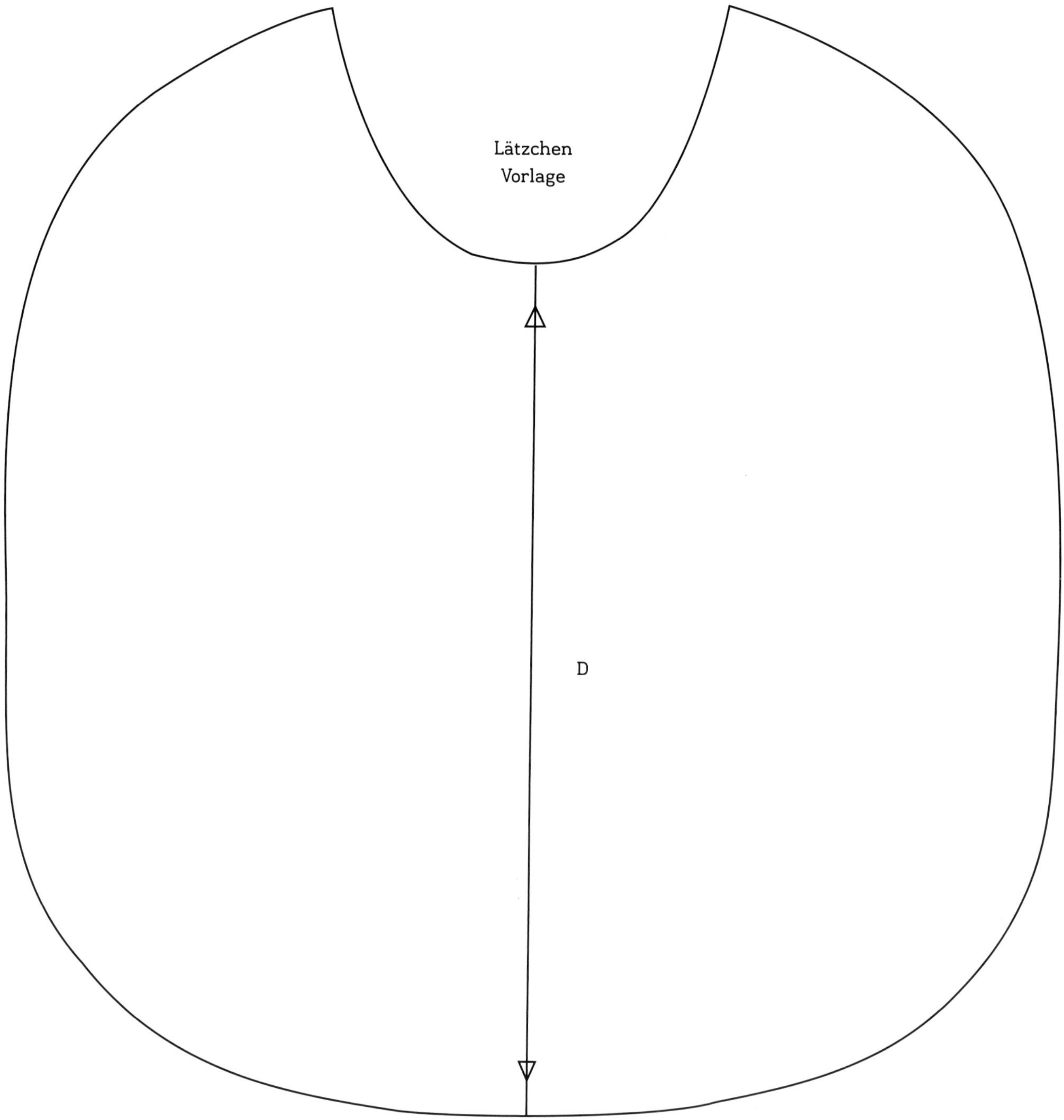

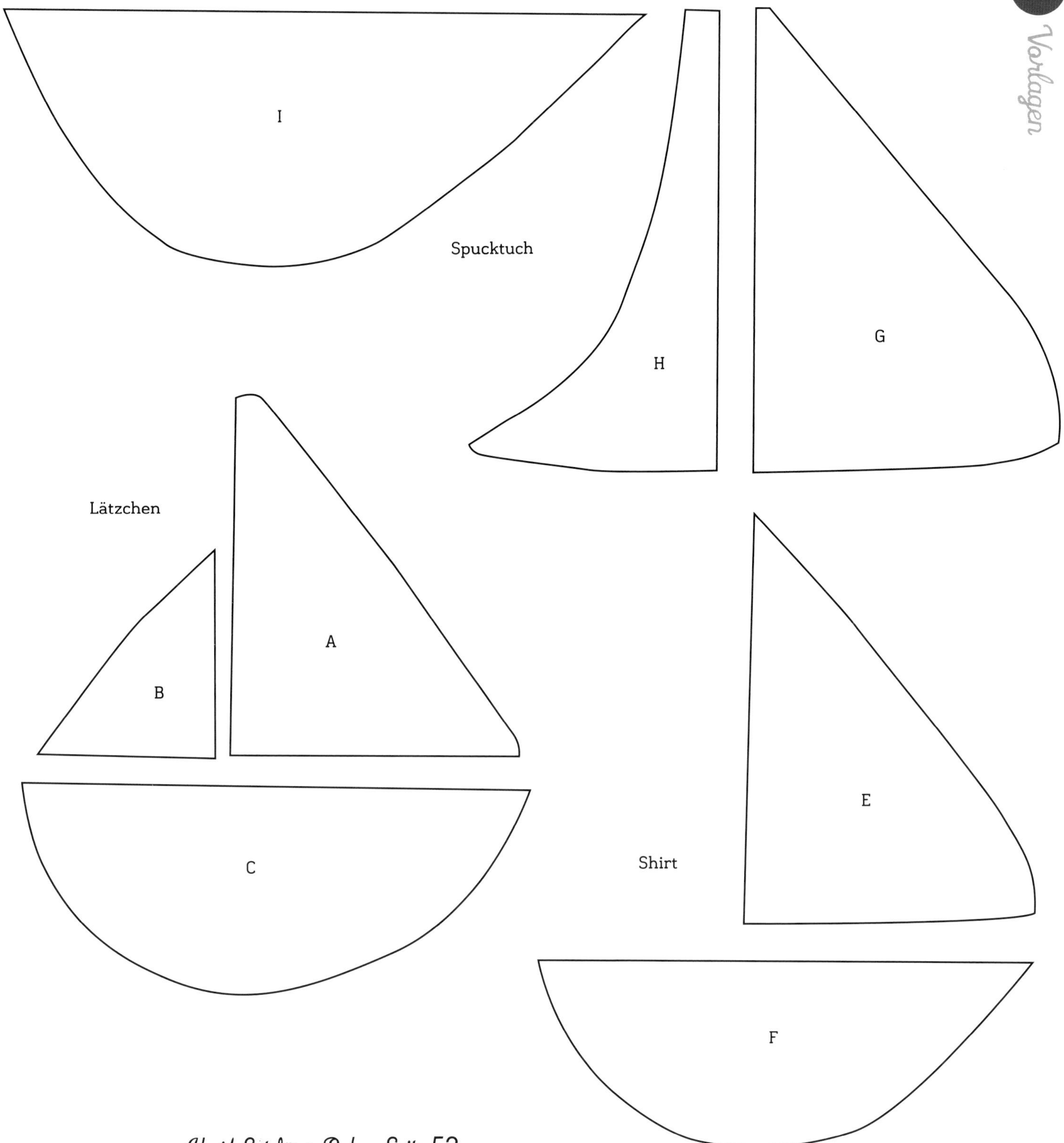

Ahoi! Set fürs Baby, Seite 52

Waldmar Wichtel, Seite 70

(Auf 133% vergrößern)

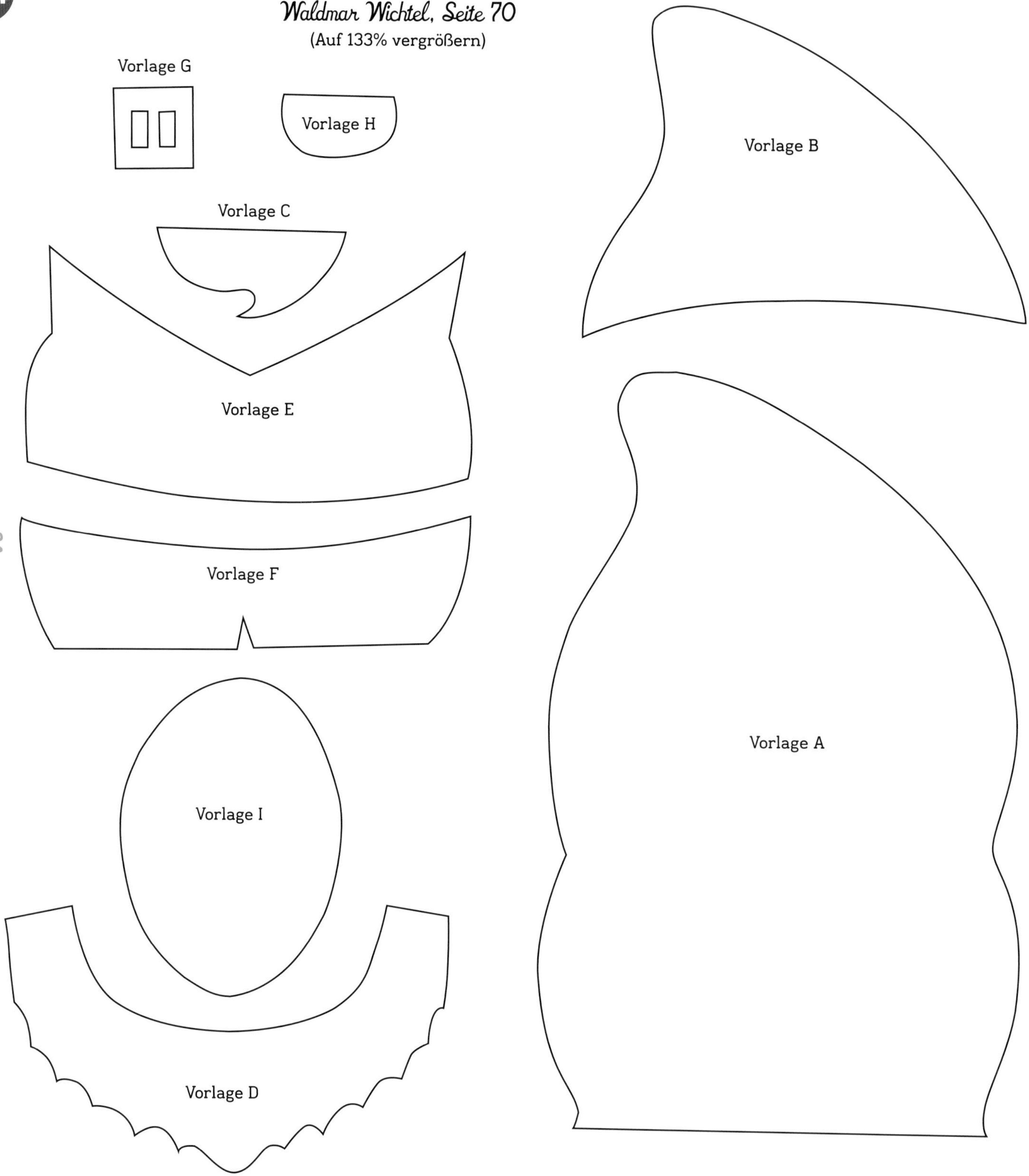

Frühlingsblüten Reißverschlusstasche, Seite 82

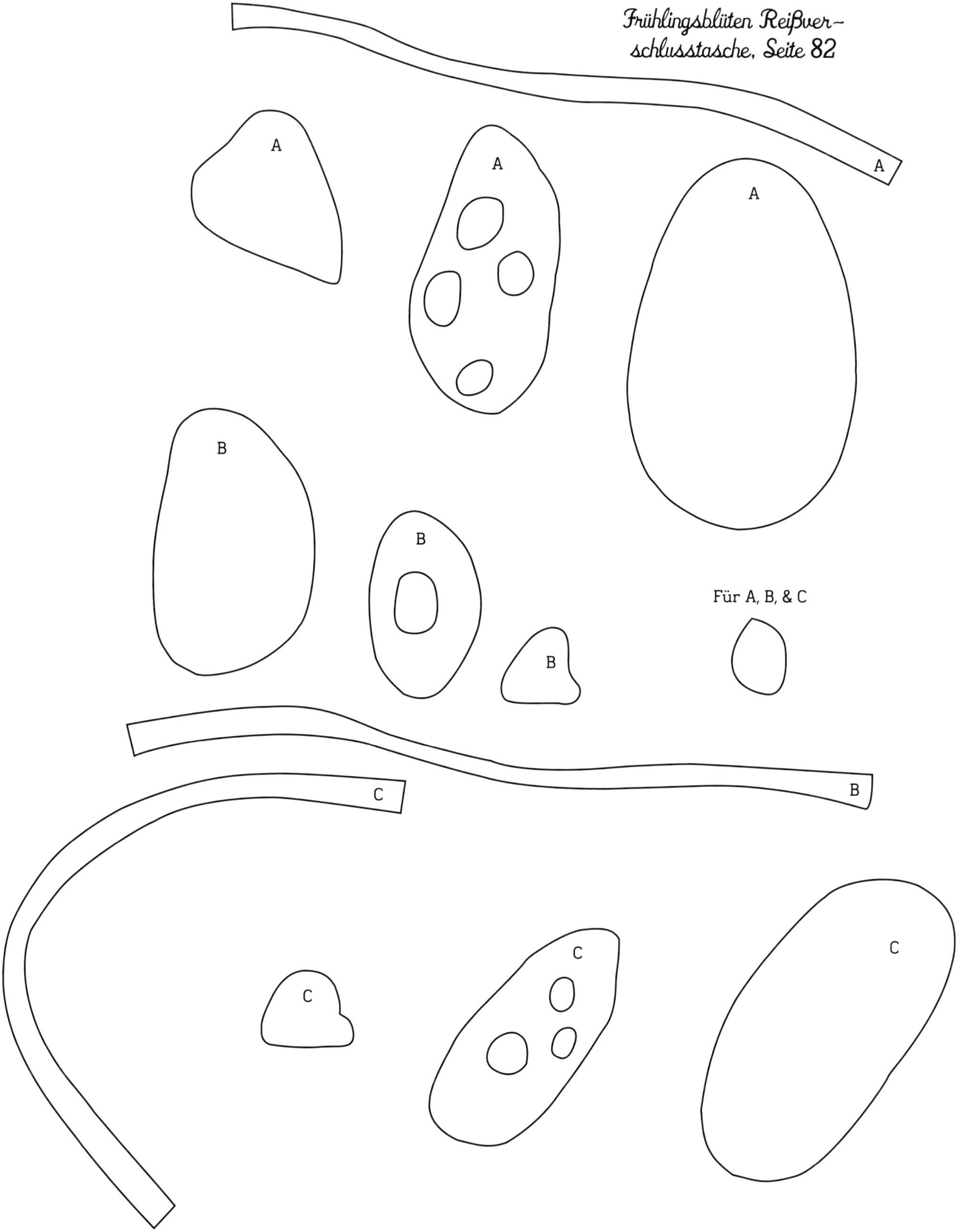

Engelsflügel T-Shirt für Mädchen, Seite 90

(Auf 210% vergrößern)

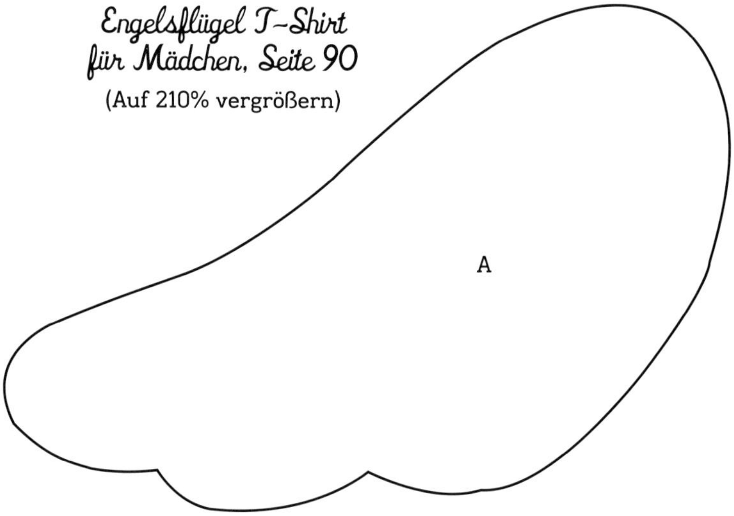

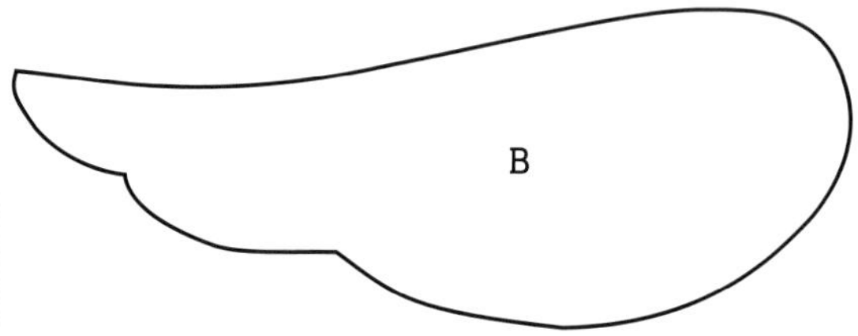

Zum Verschenken Furoshiki, Seite 74

(Auf 210% vergrößern)

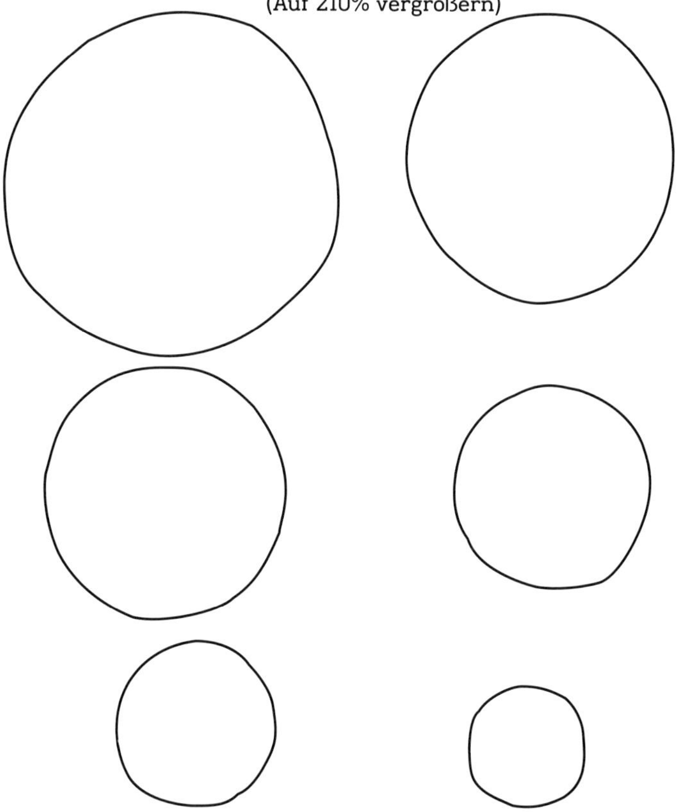

Grafisch Minirock, Seite 86

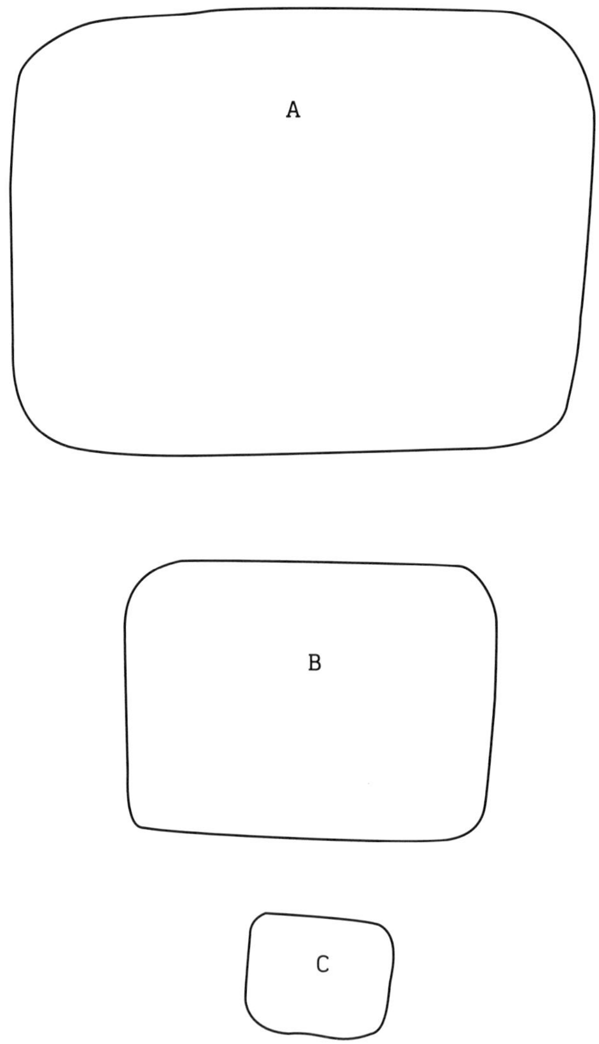

Teepause Caféhausgardine, Seite 34

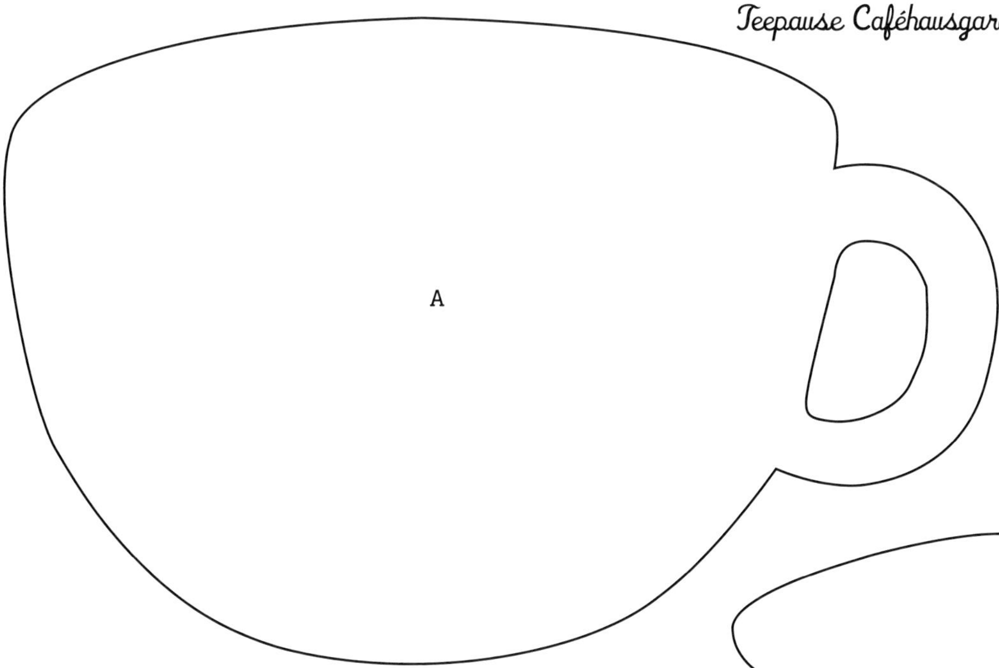

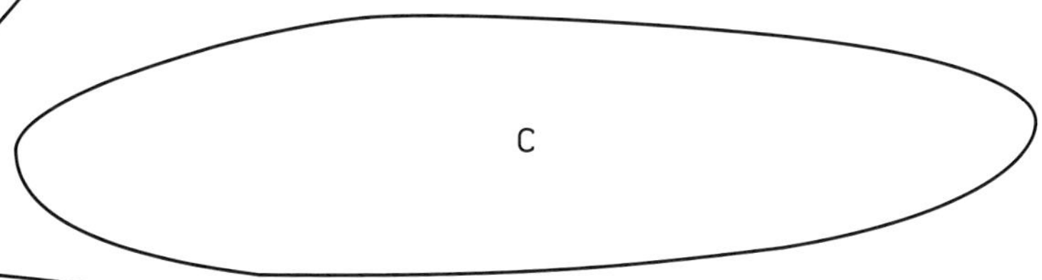

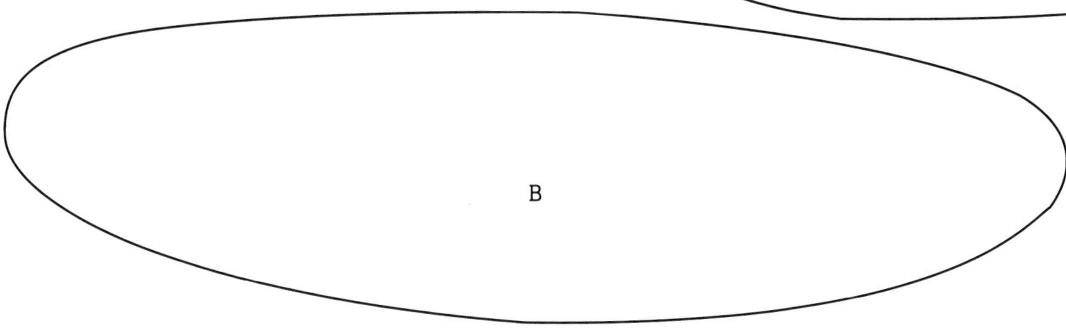

Schwebendes Herz Deko-Kugel, Seite 78

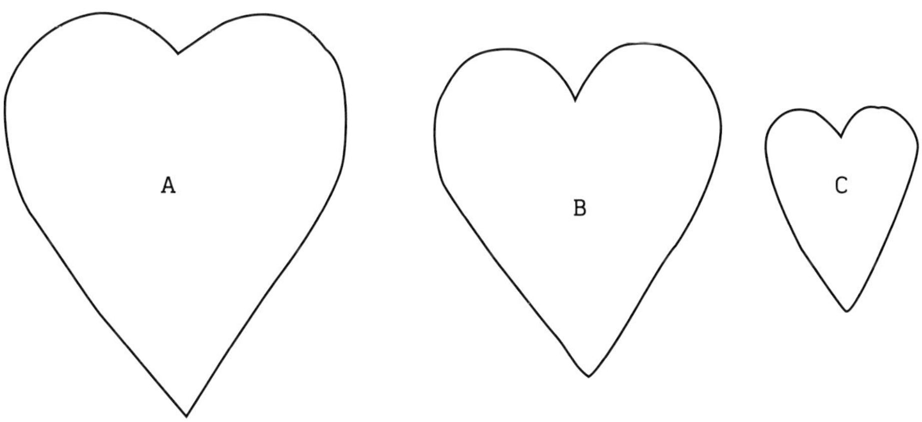

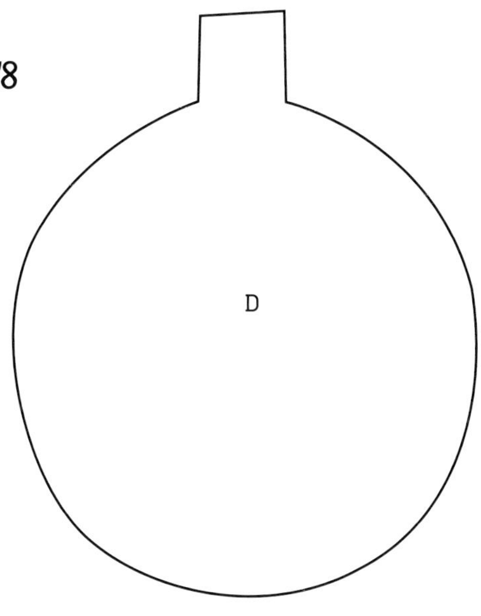

Die Autorin

Cynthia Shaffer begeistert sich seit ihrer Kindheit für kreative Arbeiten mit Stoff. Schon im Alter von sechs Jahren lernte sie nähen, und bald darauf entwarf und nähte sie Kleidung für sich und andere. Nach Abschluss ihres Studiums an der California State University, Long Beach (USA) war sie zehn Jahre lang Inhaberin und Geschäftsführerin einer Firma, die sich auf Design und Herstellung von Sportbekleidung spezialisiert hatte. Ihre Arbeiten waren in zahlreichen Büchern und Zeitschriften zu sehen. Cynthia ist auch selbst Buchautorin. Sie lebt mit ihrem Mann Scott, ihren Söhnen Corry und Cameron und den Hunden Harper und Berklee im Süden Kaliforniens. Weitere Informationen finden Sie unter *www.cynthiashaffer.com.*

Dank

Ich möchte mich beim ganzen Verlagsteam dafür bedanken, dass alle an mich und dieses Buch geglaubt haben. Besonderer Dank geht an Thom O'Hearn und Amanda Carestio für die geduldige Unterstützung während der gesamten Arbeit. Vielen Dank an Moda Fabrics, Westminster Fibers, Windham Fabrics (Kollektion Nature Inspired von Tracie Lyn Huskamp) und Bari J. Ackerman, die hochwertige Stoffe für dieses Buch zur Verfügung stellten.
Mein Leben lang haben meine Eltern mich ermutigt, das zu tun, was ich gern tue. Dafür bin ich sehr dankbar. Meiner Familie – Scott, Corry, und Cameron – danke ich dafür, dass sie mir Zeit und Raum ließ, mich auf dieses Projekt zu konzentrieren, aber auch für Ideen und Kritik, die mit bei der Arbeit halfen. Schließlich danke ich meiner Freundin und Kollegin Jenny Doh – fürs Zuhören, Fantasieren und Dasein.

Register

Dekorationen
- Schräge Vögel Kinderkunst 106
- Schwebendes Herz Deko-Kugel 78
- Shabby Charme Kissen-Häuser 18
- Träum schön Zahnkissen 64

Geschenke und Spielzeug
- Ahoi! Set fürs Baby 52
- Für unterwegs Kreuz und Kreis 47
- Traumhaus Stoffbild 94
- Waldemar Wichtel 70
- Zeitlos pfiffig Armbanduhr 60
- Zum Verschenken Furoshiki 74

Grundlagen 7

Taschen und Beutel
- Bitte einpacken Einkaufstasche 110
- Frühlingsblüten Reißverschlusstasche 82
- Zum Mitnehmen Zugbeutel 26

Stiche (Sticken mit der Hand) 11

Schmuck und Kleidung
- Blumige Stoffschuhe 23
- Engelsflügel T-Shirt für Mädchen 90
- Flatterhaft Trenchcoat 97
- Flower Power Anhänger 37
- Grafisch Minirock 86
- Mama & Tochter Schürzen 100
- Zierliche Paisley-Brosche 44

Vorlagen 116

Wohnen
- Bunte Reste Untersetzer 14
- Teepause Caféhausgardine 34
- Dekorativer Lampenschirm 30
- Dream Big! Wanddeko 56

Buchempfehlungen